全民阅读
中华文明史 系列

近代风雨

一本书读懂近代文明

姜 越◎编著

群言出版社
QUNYAN PRESS

·北京·

图书在版编目（CIP）数据

近代风雨：一本书读懂近代文明 / 姜越编著. --
北京：群言出版社，2015.8（2022.8 重印）
ISBN 978-7-80256-835-8

Ⅰ.①近… Ⅱ.①姜… Ⅲ.①文化史-中国-近代-通俗读物
Ⅳ.①K250.3-49

中国版本图书馆 CIP 数据核字（2015）第 182328 号

责任编辑：张文斌
封面设计：侯泰设计工作室

出版发行：群言出版社
社　　址：北京市东城区东厂胡同北巷 1 号 （100006）
网　　址：www.qypublish.com（官网书城）
电子信箱：qunyancbs@126.com
联系电话：010-65267783　65263836
法律顾问：北京法政安邦律师事务所
经　　销：全国新华书店

印　　刷：北京洲际印刷有限责任公司
版　　次：2015 年 11 月第 1 版
印　　次：2022 年 8 月第 2 次印刷
开　　本：640mm × 960mm　　1/16
印　　张：15.75
字　　数：248 千字
书　　号：ISBN 978-7-80256-835-8
定　　价：58.00 元

前言

中国是人类历史最早的发源地之一，也是四大文明古国之一，约在五六千年以前，在黄河流域和长江流域等地区已经出现早期的文明社会。4000多年前，是传说中的炎帝、黄帝、尧、舜、禹时代。

公元前21世纪开始形成王朝国家，早期的王朝包括夏、商、周。公元前221年，秦始皇建立了统一的多民族国家，以后经历了两汉、三国、两晋、南北朝、隋、唐、五代、宋辽夏金、元、明、清等朝代。直到公元1912年清代皇帝溥仪宣布退位，至此延续了2000多年的封建制社会退出了历史舞台。

而中国近代史正是由封建社会末期向新中国成立过渡的重要历史时期。从1840年鸦片战争开始，随着外国侵略的炮火打开中国封闭的大门，中国人开始了解了外面的世界。这个世界给中国带来了无尽的屈辱，也给中国人民敲响了警钟，同时更让中国的有识之士开始用世界的眼光来看中国。

与当时的中国形成鲜明对比的是西方资本主义国家的迅速发展。英国

在 17 世纪中期完成了资产阶级革命，率先进入资本主义社会。法国在 18 世界末爆发了资产阶级革命，成为第二个进入资本主义的国家。美国建国较晚，在 19 世纪初期加快了经济的发展，不断向外扩张。沙俄农奴制改革以后，资本主义也得到迅速发展。而自给自足经济的中国没能抵挡住侵略者的坚船利炮，在战火中开始探寻一条属于中国人民自己的道路。

鲁迅曾说过："不在沉默中爆发，就在沉默中灭亡。"面对严峻的内外形势，无论是垂死挣扎的清朝政府，还是新兴的有识之士，在励精图治的道路上，都发挥了各自的作用。尽管在这一时期的中国土地上遍布硝烟，但黎明前的黑暗孕育的解放力量却是无比强大的。因此，在这一时期各个领域都呈现了革新的新局面。

本书以从 1840 年第一次鸦片战争，到 1949 年新中国成立这一历史时期为近代史的起止上下限，从思想、经济、文化，教育、科技、交通、艺术以及社会生活等方面，对中国近代历史上留下的文明印痕进行梳理。中学为体、西学为用的思想一直是近代历史的主线，影响着近代社会的方方面面。

我们可以看到，在西方思想和文化的影响下，各个领域面临的是旧局面受到冲击和被打破，新生力量跃跃欲试以及新局面即将重组和建立。一大批的爱国之士希望能够通过工业救国，通过教育救国，通过科学救国，等等。因此，在这些领域以及相关的其他领域都出现了新的面貌和气象，极大地推动了社会向前的发展。在不同的方向进行尝试，认识到资本主义在中国的局限性，最终找到了一条真正属于中国人民自己的社会主义道路。

第一章　实业商途——"求富自强"的工商业文明

中国近代工商业是在夹缝中求生存，在逆境下求发展，在此过程中受到了来自清政府、帝国主义、封建买办地主阶级的三重压迫。一些朝廷大臣开始认识到兴业救国的重要性。希望通过实业商途富国强兵，达到救国的目的。因此，在"经世致用"的思想下，出现了一大批的著名商人，通过官商合办的途径，形成近代社会的新型工商业文明。

第二章　中体西用——外弩内强的金融新体系

明朝中后期，中国就已经出现了资本主义萌芽。有些行业在鸦片战争前已有资本主义萌芽，以后在此基础上生长出资本主义工业，如丝织业、煤炭业、陶瓷业等。如果没有外国势力的侵入，中国也将缓慢地走向资本主义社会。19世纪六七十年代，西方列强加紧了对中国的经济侵略，中国自然经济的解体加速，这就为中国民族资本主义的产生与发展创造了客观条件。

近代风雨

第三章　民主科学——革故鼎新的思想文化文明

　　清代中叶以后，清代文学急剧滑坡，直到鸦片战争爆发，文学才发生新的变化。从鸦片战争到辛亥革命约七十年间，中国社会处于激烈的动荡之中。这一历史阶段，是封闭的中国社会被迫向世界开放、正面接触以西方为代表的现代资本主义文明的时期。对中国的知识界来说，这种文明既是新鲜的和先进的，又是同殖民主义侵略及民族耻辱感相伴随的。因此，这一时期的文学在黑暗中呼唤光明，呈现出革故鼎新的新局面。

第四章　兼容并包——建立教育文明新秩序

随着清朝统治的衰落和西方文化的渗透，旧的教育体制已经不能满足近代社会的历史要求，这一背景下，新的教育体制正式登上了历史舞台。新型学校拔地而起，成为培养新时代人才的摇篮。与此同时，一大批新思想的教育家也为教育事业做出了划时代的杰出贡献。

第五章　机械动力——近代交通文明大发展

近代中国门户大开，外洋风雨，如潮来袭。轮船、飞机、火车等新式交通工具不断涌入，促使中国交通工具走上了科学化的道路。在这一时期铁路运输的大发展，成为近代中国交通业发展的辉煌见证。

第六章　巧借西风——近代科技与通讯文明的崛起

近代科学技术自 19 世纪传入中国以来，经历了一段非同寻常的曲折过程。近代中国科技刚刚崛起，天文、地理、出版、印刷、邮电、电信等不同领域便在西风的吹拂下形成了崭新的气象。

第七章　融汇中西——欣欣向荣的书画艺术文明

1840 年鸦片战争以后，古老的中国进入了近现代。在这一历史时期内，中国的绘画艺术经过匠师们长期的实践，使一度沉寂的清末画坛出现了欣欣向荣的景象。近现代时期的中国画经过"五四"新文化运动的洗礼，"输入写实主义，改良中国画"成了时代的主旋律。此时流派众多、名家辈出，大量优秀作品涌现。经过他们的艰苦努力，中国绘画艺术实现了由古典到近代、继而向当代的转变，并由此进入了"源于生活、高于生活"的更高境界。

第八章　除旧迎新——东西交融的社会文明新气象

随着中国对西方文化的逐渐了解，以及西方文化在中国的不断渗入，在近代的社会生活中也出现了新旧文化的冲突、交融和革新。其中最为明显的就是新旧礼仪的冲突和更新。从称谓到服饰再到娱乐活动，无不呈现出一幅除旧迎新、东西交融的景象。

第一章

实业商途

——"求富自强"的工商业文明

中国近代工商业发展是在夹缝中求生存,在逆境下求发展的历史,过程中受到了来自清政府、帝国主义、封建买办地主阶级的三重压迫。一些朝廷大臣开始认识到兴业救国的重要性,希望通过实业商途富国强兵,达到救国的目的。因此,在"经世致用"的思想下,出现了一大批的著名商人,通过官商合办的途径,形成近代社会的新型工商业文明。

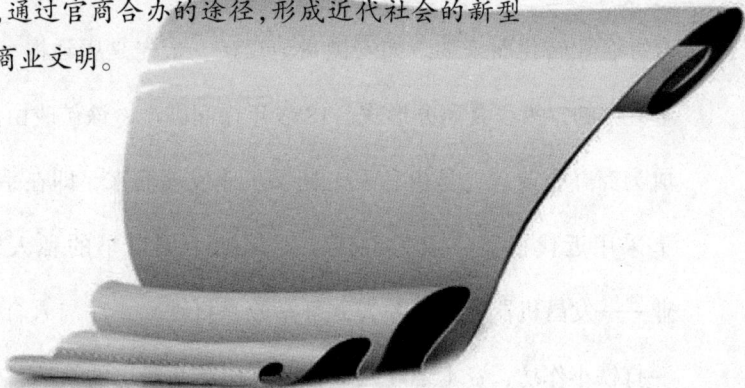

近代资本工业的诞生

从 19 世纪 60 年代至 1894 年，是中国私人资本主义近代工业的初创阶段。一部分华侨、商人、地主和手工业者投资设立工厂。他们是一支在中国现代化发轫期间不容忽视的民间力量。他们办起中国第一家玻璃厂，第一家造纸厂，第一家轧花厂，第一家机器碾米厂，第一家火柴厂等。在这期间，他们共创办制造业 145 家，投资额约 539 万两；采矿业 22 家，投资额约 280 万两；运输业 3 家，投资额 60 万两；电灯厂 1 家，投资额 5 万两。四者共计 171 家，工人 62604 人，投资额 884 万两。884 万两折合银元约为 1235.8 万元，只及这个时期清王朝投资的民用企业的 40%，外国在华产业资本的 20%。可见私人工业的弱小。

私人资本主义工业产生的途径有三条。一是由官办、官督商办、官商合办企业转化而来的。如安徽贵池煤矿，最先是唐廷枢、徐润用招商局资金开办的，为官督商办形式。1883 年徐润破产，该矿改由商人徐秉诗接办，成为商办企业。二是由私人工场手工业发展而来，即在手工业工场的基础上采用近代机器，成为近代工业。如中国最早的私人资本主义工业企业——发昌机器厂，创办人方赞举原是打铁匠，后与人合伙，于 1866 年开一打铁小作坊，资本 200 元左右，承包英商船坞的铁活，为外国商船打制、

修配船用零件。

从 1869 年开始，从手工工场发展为以车床使用为标志的机器工厂，可以承造小火轮。在 1894 年前，手工工场通过这条道路发展为现代工业的比较少。三是由商人、华侨、买办、地主、官僚、钱庄主等拥有货币资本的人，投资设立工厂。这个阶段的私人近代企业，多数是通过这条道路产生的。最早的缫丝工厂即继昌隆缫丝厂，是华侨商人陈启源 1872 年在广东南海创办的。上海道道台聂缉椝投资华盛纺织总局，可以说是地主、官僚在这个时期投资的一个典型。外国在华企业的高额利润，对已经积累起货币资本的富商大贾、达官贵人和地主宦绅，是一种强大的刺激。一些近代工业，如印刷业、制茶业、船舶修理业等，是模仿外资在华企业而建立的。

早期投资于近代工业的私人资本，绝大部分是由地租、商业利润、买办收入、高利贷利息等转化而来的，属资本原始积累性质，也有一部分是官督商办、官商合办企业中资本主义性质利润的转化。就已经投资于近代工业的人来说，近代工业不仅不是他们经营的惟一场所，甚至也不是他们中多数人经济活动的重点。在这些企业中的投资，只是这些人财富的一部分，他们的另外一部分财富，则用于购买土地，经营钱庄、商号、典当，用于附股外资在华企业或官商合办、官督商办企业，用丁捐个官衔，弄个顶戴、花翎，挤进官场。

一些工矿企业招股的条件是其利润为资本的 10%。在半封建的中国，只有保证私营企业的利润率高于投资地权所得地租收入和高利贷利率时，才有人肯冒风险投资于近代工业企业。所以，私人资本主义企业资本少，规模小，大部分企业的资本都在万元以下。这个时期办的 100 多个私人资本企业中，资本在万元以上的只有 54 家，资本总额 480 万余元。平均每家只

有 8—9 万元。在工业部门方面，主要是轻工业，如缫丝、棉纺织、印刷、造纸、火柴、碾米、磨面等。采矿业中，以煤矿为主，其次为金、银、铜矿。由于资金薄弱，企业设备简陋，手工操作占相当比重，缺乏与外国企业的竞争能力，不少工厂创办后不久就停业。

机器缫丝是民族资本最早建立的近代工业之一。1872 年侨商陈启源在广东创办继昌隆缫丝厂，采用蒸汽机和传动装置，雇用女工，出丝精美，行销于欧美两洲，价值之高，倍于从前，获得厚利。在继昌隆的带动下，南海、顺德两县的缫丝业蓬勃兴起，到 1881 年已有 10 个工厂，缫车 2400 架。到 19 世纪 90 年代初，广东缫丝厂发展到 50 多家，大厂雇佣工人达 800 人之多。1892 年后，上海也出现了缫丝厂。1885 年至 1886 年，严信厚在宁波首创通久机器轧花厂。1891 年前后上海也出现了好几家轧花厂。1894 年严信厚又扩建了通久源纱厂。1891 年上海建成华新纱厂，朱鸿度则于 1894 年成立上海裕源纱厂。轧花与棉纺织业便首先在上海、宁波发展起来。

此外，还有面粉业、火柴业、造纸业、印刷业等轻工业部门，而重工业部门则不是很发达。1866 年出现于上海的发昌机器厂是近代第一家资本主义工业企业，它最初只是由铁匠方举赞和孙英德合伙设立的一家打铁作坊，资本仅 200 元左右，四五个工人，专门为外商船坞打造修配船用零件。约到 1869 年，开始使用车床。1876 年制造了第一艘小火轮，1877 年兼造车床，到 1890 年已发展成为拥有车床 10 多台，可以容纳 200 多人工作的工厂。1866—1894 年，上海、广州、天津、汉阳先后创办的机器制造厂共约 20 家，主要业务是船舶修造业，还有少数几家兼造轧花车、缫丝车等。此外，制糖、制药、玻璃、碾米等行业也开始使用机器。

诞生在半殖民地半封建条件下的中国资本主义近代工业，同外国资本

主义和本国封建势力存在着既对立又结合的关系。在外国资本主义和本国封建势力的双重压迫下，中国资本主义不可能沿着正常的道路独立发展，为了谋求自身的生存，它不得不左右攀附，托庇于外国资本主义或本国封建势力。有的商办企业为了避免封建势力的压迫，寻求外国在华企业的保护。如宁波严信厚创办的通久源轧花厂，便依附于日本人的保护之下。厦门机器公司虽然完全是华商投资创办，但却在香港登记注册，请一个英国人控制和经营。上海李松云设立的均昌船厂在制成的一艘小艇上，船头悬着英国国旗，船尾悬着中国龙旗等。不少商办企业向清朝当局交纳报效，借以获得封建势力的庇护和支持。一些工厂主常常花钱捐一个封建官衔，取得士绅身份，借以抵制顽固势力的干扰等。在外国资本主义和本国封建主义的双重压迫下，中国民族工业的发展，不能不走着一条十分艰难曲折的道路。

官办民用工业文明

19世纪70年代以后，工业活动从军事工业扩展到民用工业，经营方式从只有官办到增加官督商办和官商合办等方式。这种演进与国内政治经济形势的变化，以及近代工业发展的内在规律有关。

在政治方面，对内，1873年清王朝对人民起义的军事镇压告一段落；

对外，已与外国侵略者妥协，出现了"同治中兴"，即阶级斗争和民族斗争暂时缓和的局面。

在经济方面，外国机制商品的输入，使中国城乡一部分个体劳动者破产，商品市场扩大。部分新兴地主（首先是军功地主）、买办、商人、钱庄主，在这个时期积累了一批资金。在华外资工厂的丰厚利润，为中国富人提供了一条新的发财之道，刺激了国内资金流向的变化。

19世纪60年代办起的几个大型军事工厂，矗立在小农经济的社会里，是孤立的。近代军事工业的发展需要两个条件：一是要求有相应的燃料工业、钢铁工业、机器工业、采掘工业和交通运输业的发展。燃料、钢铁、机器等完全依赖外国，势难持久，更无法达到"自强"。此中原因，在于近代机器工业本是一个完整的有机体系。军事工业是建立在民用工业基础之上的，要长期维持军事工业并求得发展，必须建立民用工业。二是要求有源源不断的资金来维持再生产和扩大再生产。军事工业是一种消耗性工业。国有军事工业的维持，需要有强大的财力。国家财政收入不增加，军事工业便不可能发展。而国家要增加财政收入，必须首先使国家富起来。

在这种形势下，洋务派提出自强必先"求富"，强以"富"为基础和兴办民用工业以"求富"的主张。应该说，在兴办近代工业才十几年的时间里，能获得这种认识，是一个很不简单的进步。在他们的倡议和主持下，1894年之前，办起民用企业27家。其中，采矿冶炼业16家，纺织业6家，交通运输企业5家。国家对民用产业投资约2964万元，其中交通运输业1369.4万元（占46%），纺织工业621.5万元，矿冶业972.9万元。交通运输业居第一位。这种投资格局，即以交通运输为重点，是一种高明的决策。

民用工业企业的规模不等，就资本额而言，一般在20万元上下，多的

超过百万元，如汉阳铁厂有 556 余万元，为东半球第一大型钢铁企业。

民用工业的经营形式，或是官办，或是官督商办，或是官商合办，都带有一个"官"字，即受清王朝的控制。凡官办的企业，资金由财政拨款。官商合办企业的资金，由国家出一部分，私人出一部分。官督商办企业，多数是以私人出资为主，国家垫入部分资金或完全不出资，但有权控制或监督企业，掌握人事、财务大权。官督商办中的官股，一般采取财政贷款形式垫支给企业，要求投产后逐步归还本利。财政拨款是中国资本原始积累的途径与方式之一。商股来自官僚、地主、买办、商人等。清王朝控制愈严格的企业，生产效率愈低。如轮船招商局，名为官督商办，实则商人投资而无实权，实权为国家派的官僚掌握。它为国家运兵械、粮食，国家不付运费，有时还要倒贴。个别企业，商股代表有较多的自主权，其效益较好。比如开平煤矿就是一个比较成功的官督商办企业。它由商人主持，保证大股东对矿山的管理权，基建工程进展比较顺利，经营管理比较好。煤的日产量，1882 年 500 吨左右，1884 年 900 吨以上。企业有盈利，股票升水，面额 100 两的股票，到 1882 年上升为 237 两。

清王朝兴办的民用工业的性质，与军事工业有所不同。它们生产的是民用品，产品销售于市场。企业是商品生产实体，独立核算，自负盈亏。创办的目的是为了获取利润。企业雇佣工人（这 27 个企业共有工人 25500—29500 人），使用机器生产。企业扩大再生产，基本上靠剩余价值资本化来实现。它们在不同程度上是资本主义性质的企业。它们是清王朝用国家的名义，运用资本主义的手段从事的经济活动，因而是国家资本主义性质的企业。正因为它们受到清王朝及其官僚的控制，其生产规模、利润分割要听命于清王朝，带上了浓厚的封建性。企业能否发展，与封建势力的控制

往往成反比。从企业总的发展趋势看，官办的企业因经营不下去，转为官督商办、官商合办或商办；在官商合办、官督商办企业中，因商人不愿与官方合作，经过斗争，转为商办。官办企业占的比重变小。官督商办是这个时期民用工业的主要形式。

19 世纪 70 年代，民用工业以官督商办企业形式出现，表面上是洋务派从"自强"转变到"求富"的产物，实质上是官办军事工业内封建生产关系不适应现代生产力发展的结果。大机器工业要求有现代的经营管理方式，在私有制社会里，要求有与之相适应的资本主义的所有制。

洋务派从办军事工业到兴办民用工业，从官办到官商合办、官督商办，使中国近代工业领域扩大，经济形式多样化，是中国近代工业结构的第一次调整，也是近代工业体制的第一次调整。大生产是建立在发达的社会分工基础之上的，要求全社会国民经济各部门的配合。19 世纪 70 年代以前，近代工业清一色为军事工业。进入 70 年代以后，有了生产燃料的工业、生产原材料的工业、交通运输业、轻纺工业等，这是结构的调整。19 世纪 70 年代以前，现代军事工业均是官办体制。70 年代以后，民用工业有官办、官商合办和官督商办三种形式，其中，大多数为官督商办。由官办转为官督商办为主，这是体制上的调整。1872 年开办轮船招商局，向社会发行股票，聚集资本，第一次采用股份公司形式经营近代企业，近代企业制度随之产生。随着这类改革的发展，初步改变了洋务活动早期工业结构和所有制形式单一的状态。在中国经济发展史上，这是前进了一大步。

19 世纪 60 年代，洋务派创办近代企业的活动，顺应了中国经济从传统向现代化迈进的历史趋势。经过 30 余年的努力，在中国大地上，出现了第一批中国人自己办的军用和民用工矿交通运输业。其中的一些大型重工业

企业，在当时的情况下，如果不由国家财政拨款作垫支资本，由有实权的大官僚主持，是办不起来的。洋务派所办企业的产生，从时间上说，虽比外国在华企业迟，但比私人资本主义近代企业早。从部门来说，他们经营的部门远比在华外资经营的部门多。从分布地点来看，这些企业不仅设于沿海沿江的通商口岸，而且深入到内地，以至边远省份。

它们揭开了中国采用机器生产历史即工业化历史的第一页，又揭开了中国采用资本主义生产方式史的序幕，并构成中国新兴资本主义近代工业的重要部分。

近代造船与船政工业的发展

1863 年的一天，曾国藩召见留美学生容闳，问道："今日想要为中国做最有益、最重要的事，应该从哪方面做起？"容闳审视后，答道："我认为应该设立铁厂，应用造船之器，须向西洋购买。" 1865 年，容闳携曾国藩给他的 6.8 万两银子从美国购买百余台机器运抵上海。曾国藩从美商手中盘购了旗记铁厂，并在原址上成立了中国第一家近代工业母机厂——"江南制造总局"。

江南制造总局成立初期，清廷为剿灭捻军，主要是军工生产，"以制造枪炮，藉充军用为主"。直到 1868 年，江南制造局才制成中国的第一艘木

江南制造总局炮厂

壳明轮兵船恬吉号，取意"四海波恬，厂务安吉"之义，后为避光绪帝"载湉"之讳，更名为"惠吉"。船长 186 尺，功率 392 马力，排水量 600 吨，主机为购自国外的旧机器，船上的汽炉、船木均系自造。恬吉号试航成功后，曾国藩得到清廷嘉许，颁布嘉尚上谕，慈禧太后还召见曾国藩，专门问及此事。

1869 年，江南制造总局又制成了我国第一艘由螺旋桨驱动的暗轮木壳兵船操江号。1885 年，江南制造局建成钢质兵船保民号，这是总局制造的第八艘兵船。从惠吉号到保民号，江南制造局在造船技术上的进步是明显的，不仅为中国近代船舶工业开创了局面，而且也培育了我国的第一代造船人才。

1870 年，江南制造总局又恢复了以制造枪炮军火为主，并被清廷下令该局停止造船，直到 1905 年局坞分立，造船业废弃达二三十年之久。

1905 年，时任南北洋海军提督的叶祖珪驻节沪上，他将船坞从制造局独立出来，称"江南船坞"，采取了商业化运作，为船坞带来了生机。江南船坞自行承揽修造华洋富商轮船，自负盈亏，盈利提成酌留花红，大部分作为扩大再生产的资金，这些民营化的措施使江南船坞不再是官方衙门。

自从船坞分立到 1911 年辛亥革命的 6 年间，江南船坞累计造船 136 艘，排水量 21040 吨，修船 542 艘，不仅还清了船坞成立时借的开办费白银 20 万两，而且还培养了许多造船工匠。

江南制造总局停止造船后，1872 年初，李鸿章上奏清廷："目下既无官造商船在内，自毋庸官商合办，应作官督商办，由官总其大纲，察其利病，而听该商董自立条议，悦服众商，冀为中土开此风气，渐手权利。"清廷对李鸿章奏折予以批准，为招商局确立了法定地位。1872 年 5 月，李鸿章开始负责筹办轮船招商局。

他指令浙江海运局总办，海运委员朱其昂拟订轮船章程，呈报清廷试办轮船招商局于上海。获准后，于 1872 年 9 月，派朱其昂、朱其诏兄弟在上海进行筹办，并于 10 月份购进 507 吨级的伊顿号首航日本神户、和崎开辟国外航线。后来，又陆续购置了永清号（661 吨）、利运号（734 吨）和福星号（532 吨）加入营运。

1873 年 1 月 17 日，官督商办的轮船招商局在上海正式成立。同年 11 月，《轮船招商局条规》出台，强调创办轮船招商局在于解决漕运困难，使内江外海之利不致为洋人占据。轮船招商局的成立，标志着近代中国轮船航运业的产生。自此，培养和造就驾驶新式轮船高级航运人才也逐渐成为社会上下的共识。

轮船招商局的开办，标志着我国航运业已从木帆船时代转入机动船时代，使得飘扬着黄龙旗的招商局轮船不仅行驶在中国沿海和长江，也远航到日本、美国和英国，中国航运业自此开始发生了质的变化，轮船招商局成了中国近代创办航运业的先驱。

招商局开办初期，受到外国轮船公司，诸如英商太古、怡和洋行及日商的激烈竞争，在李鸿章的支持下，又有以漕粮运输为主的货源支撑，收入稳定，才能得以继续发展。太古、怡和洋行不肯罢手，联合起来与招商局进行运输削价竞争。在李鸿章向朝廷上奏的准许下，各省官物运输全归招

商局承运，才得以转危为安。

到了 1883 年，招商局已有江海轮船 27 艘，计 33378 吨，在 11 年间，建成了一支具有一定规模的商船队，对中国近代航业的发展起了极大的作用，从而迫使太古、怡和等洋行与招商局一起订立"齐价"合同，并持续了一段时间。

由于招商局内部机制不断变换，先由"官商合营"改为"商办"，再由"商办"改为"官督商办"，一直到了 1909 年，在邮传部的直接管辖下，又改为"商办"。这样的多次反复，导致股东之间连年纠纷不断，致使招商局发展痛失许多良机。

第一次世界大战期间，洋商航业纷纷撤出中国沿海地区，此举令招商局的经营颇有起色和赢利，然而，招商局未能乘机扩充船队实力，以致大战结束后洋船只卷土重来时，招商局因船舶老化，船龄大多在 30 年以上，有的甚至达到 50 年，航速慢、成本高，再也无力在南北航线上与外商船只进行竞争。

因此，招商局从 1920 年起开始衰落，欠债增多。至 1921 年，招商局已濒临破产倒闭的境地。

轮船招商局成立之前，1866 年，闽浙总督左宗棠在福州马尾创办福州船政局，又名福建船政局，专事造船。初创时期，福建船政局只能制造一些供沿海巡缉用的船只。1873 年 6 月 7 日，《北华捷报》在评论江南制造局和福州船政局所造兵船时说："这些小船只能供沿海岸巡缉之用，太平年月无用，战争起时只是废物。"

1868 年 1 月 18 日，船政局开工制造第一艘船舶。次年 6 月 10 日下水，该船为木壳轮船，取名为万年青号。同年 9 月，万年青号北上试航，

操驾及轮管人员全部是中国人。1870年1月，第二艘船湄云号建成试航。同年5月、12月，第三、四艘船下水，此两船分别命名为"福星""伏波"。1872年4月23日，木壳巡洋舰扬武号比原计划提前半年下水，此船排水量1560吨，功率为1130马力，航速12节。吨位和功率都有了提高，显示了一定水平。

直到1875年的近10年间，福建船政局兴建的兵、商船有15艘，排水量合计17000余吨。这批船虽属仿制的木壳船，质量只达到西方的二三流水平，却显示了中国近代造船业的潜力。

1874年，船政学堂的学生逐渐走上生产岗位，促进了船政局向自主造船的阶段顺利过渡。1875年3月28日，船政局独立设计制造的艺新号下水。1876年7月10日，艺新号出洋试航，其"船身坚固，轮机灵捷"。沈葆桢对艺新号给予很高评价，称之"实为中华发创之始"。自此，福建船政局进入自主造船时期。

福建船政局在造船技术上紧跟西方的技术进展。1850年，西方开始盛行铁木混合结构船时，船政局在1876年就着手制造这种铁肋船。欧洲国家在1860年开始航行钢质船，而福建船政局的第一艘钢质船则始于1886年。

同样，在蒸汽机的选用和试制上，1876年，船政局就曾向国外购买较新式省煤的康邦轮机。康邦轮机，也就是复合式的多气缸、蒸汽机可多次膨胀的两缸或三缸蒸汽机，机器效率较高，功率较大。

1877年5月，船政局的第20号船威远号下水，这是第一艘铁肋船，安装的正是购自英国的卧式康邦蒸汽机。

1878年6月，船政局的第21号船超武号下水，这是第二艘铁肋船，其排水量、功率和航速均与第20号船相同。所有铁肋、铁梁、铁龙骨、斗鲸

（首柱）及所配轮机均系中国工匠按图仿造，而且与购自外洋者如出一辙。

1882 年，由船政学堂派遣去欧洲学习的留学生归国。由他们监造的当时吨位最大、航速最高的铁肋巡海快船开济号于 1883 年 1 月下水。开济号的建成，表明中国的造船技术与西方的差距正在缩小。

第一艘巡洋舰开济号拨归南洋水师服役后，得到两江总督左宗棠的重视，决定再订造两艘，为二号快船与三号快船。1885 年 12 月，第二艘快船镜清号下水，第三艘快船寰泰号则于 1886 年 10 月下水。镜清号与寰泰号装有减摇作用的舭龙骨，令船舰"在航行中愈稳而不簸"。

1886 年 12 月 7 日，在左宗棠等人的促使下，我国第一艘钢质、钢甲型巡洋舰龙威号开始安放龙骨。1888 年 1 月 29 日下水，1889 年 5 月 15 日建成。该舰长 62.5 米，宽 12.6 米，深 6.8 米，吃水 4.2 米，排水量 2100 吨，双蒸汽机共 2400 马力，航速 14 节，配有 260 毫米主炮 1 门，120 毫米炮 3 门，鱼雷发射管 4 具，军舰前段装甲 6 英寸。

该船在编入北洋海军序列后改名"平远舰"，也就是后来参加中日甲午战争的主力舰之一。龙威号的建成标志着我国造船技术达到了一个更高的阶段。

知识链接

大沽船坞

1880 年 1 月，李鸿章奏请光绪皇帝批准，兴建大沽船坞，以解决北洋水师的修船问题。1886 年又建造了船坞两道，以供收泊蚊艇（炮艇）避冻及修船使用。1900 年，建有各种船舶 8 艘。1909 年，完成了将购自英国的

驱逐舰飞霆号改装为炮舰的工程。试航成功后，时速达 19 海里。大沽船坞作为我国北方最早、最大的造船中心，在修理大型海军船只、造船方面发挥过历史作用，为我国北方培养了一批技术人才和技术工人。

近代商会组织出现

1901 年，清王朝经历了八国联军的严重打击，又付出了 4.5 亿两白银的巨额赔款，陷入了内政、外交、财政的全面困境，为了挽救其摇摇欲坠的统治，开始被迫实行新政，提出了振兴实业的政策，从而使商会在民族危难中得以诞生。

处于商战和振商领导地位的绅商领袖和商务官员们都深切体会到，缺少联络，又势单力薄、视野狭窄的中国商人，难以适应对外商战急剧升级，对内振商事业迅速兴起的需要。上海大商人严信厚等就曾指出：我国商人和而不同，涣而不聚，所以商务利害未能专意讲求；心志不齐，意见不一，以致利权操纵尽入洋商之手。清政府的商务大臣盛宣怀也说：华商虽有各商帮组织，但互分畛域，各行其是，每当与洋商交易往来，总不能相敌。因此，寻求一种规模更大、功能更全、能包涵全体工商界的组织形式，便成为那些开明绅商和商务官员们的共同意向。于是建立中国的商会便再次被提上了议事日程。

1902 年，清政府委派商务大臣吕海寰和盛宣怀与英国、美国、日本、葡萄牙等国代表，在上海进行修订商约谈判，中国商会诞生的契机终于到来了。此次谈判的主要内容是关于外商在中国的商税和行船问题。由于商税、行船问题与外商的利益有着密切的关系，因此当英国谈判代表马凯即将来华之时，就征求了英国商会的意见；到了香港之后，又有许多在香港的英国商人纷纷前来求见，并通过香港英商商会提出了许多建议，要求向中国政府索取更多的权益。到上海后，上海的洋商商会更给他提供了详细的参考意见。上海洋商商会对商税、行船这些洋商切身利害相关之事，平日就组织洋商们详加考求，又在谈判临开之时做了仔细的调查研究，使之能够为他们的谈判代表提供详细的咨询和具体的要求。由于马凯得到了商会的密切配合，这使他在谈判前即做了充分的准备，在谈判正式开始前夕就向中方代表提出了 24 条一揽子方案，先发制人，给中方代表一个下马威，在谈判中处于事事占先的优势地位。中方则因无商会协助，一般商人平时对涉外商务问题又没有什么研究，即使有所建议也缺少汇集沟通的渠

上海商业会议公所

道，因此无从咨询，处于毫无准备的状态。面对此种情况，盛宣怀感到若不把中国的商人组织起来，就得不到商人的协助，在谈判中就必将处于茫无头绪、处处落后的状态。盛宣怀受此启发，马上意识到把中国商人组织起来像洋商那样成立商会，以此作为谈判后援力量的重要性。他立即上奏朝廷，提出要以创设商会为入手要端。在获得朝廷批准之后，他命令上海江海关道台袁树勋会同绅商领袖严信厚，立即召集各大商帮董事设立总（商）会，并对有关谈判事项详加讨论，提出方案，以备采用。

上海各业商帮董事对此完全赞同，积极拥护。他们认为，此次商约谈判，事关商人命脉，是中国商务进退的关键，非一般的修约谈判可比。中国所失商务权利，若不乘此次谈判机会，力图补救，那么就会权利坐失。因此，应该设立商会，努力配合谈判大臣，力争商权。负责筹办此事的严信厚表示，设立商会是当今切要之图，极愿效力，并自垫经费租屋购物，设立会所。其他绅商也纷纷表示，为此事出力责无旁贷。于是上海商业会议公所，应商战之需，仿照日本商业会议所（即日本的商会）的模式，联合各业商帮组织和某些大企业的代表，于1902年2月22日正式成立。此后，也有其他少数省份仿照上海成立了商业会议公所。

上海等商业会议公所虽然还很不完善，但它已初步具备了商会的组织特征和功能，又与后来的商会建设有着继承关系，因此可以说是一种商会的雏形。

但是，上海商业会议公所成立之后，在组织上处于比较松散的状态，也带有较浓的官方机构色彩；在实际作用上，除了为商约谈判提供咨询和出谋划策、沟通官商关系外，在振兴商务上并无多少实质性的建树，因而社会舆论评论它是拖拖沓沓，没有紧迫感，办事效率不高，责任性不强。因此，

商业会议公所仍然不能起到领导广大商人对内振兴商业、对外奋力商战的作用。

与此同时，清政府的商部在 1903 年 9 月成立之后，在推行振兴工商政策时遇到了不少来自地方官吏的障碍，拒不执行者有之，拖延应付者有之。这不仅使商部的振兴实业政策难以贯彻，而且办事多受掣肘，从而试图越过地方官府，直接与各地工商界联系，改变办事无从措手的局面。但是要与工商界联系，必须先把工商界组织起来，于是建立能把工商界统一起来的商会，便成了商部振兴工商事业的必要途径和重要内容之一。商部向朝廷上奏说：纵览东西洋各国，外交贸易，无不以商战取胜，达到富强，究其原因，实皆得力于商会。有鉴于此，中国欲振兴商务，战胜外商，也必须模仿外国设立自己的商会。1904 年 1 月，商部奏准朝廷颁布《奏定商会简明章程二十六条》，正式向全国商人发出了建立商会的号召。

此时，一些工商业比较发达的通商大埠的商人已经有了比较迫切的建立商会的要求，商部劝办商会的通告一下，便很快得到商人的响应。上海各业商帮组织的董事对商部的劝办商会表示竭力拥护，认为设立商会，能像洋商商会那样，把中国商人联为一体，兴办实业，是一件大好事。他们立即按照商部颁布的章程，在 1904 年 5 月将商业会议公所正式改组为上海商务总会。这也是中国的第一个正式商会，后人常称之为"中国第一商会"，既指其设立时间为全国第一，也指其势力和影响为全国之最。

"实业之父"：盛宣怀

盛宣怀，字杏荪，号愚斋，清道光二十四年（1844 年）出生于江苏常州府武进县一个地主官吏家庭。祖父盛隆，举人出身，曾官至浙江海宁州知州。父盛康，道光二十四年甲辰科进士，官至湖北盐法武昌道。盛康注重经世致用之学，辑有《皇朝经世文续编》一书，这对盛宣怀后来弃科举，从洋务，比较注重社会实际问题的研究有一定影响。盛宣怀于 1866 年回常州应童子试曾中秀才，此后 1867 年、1873 年、1876 年三次应乡试，均名落孙山，于是绝意科举，全力以赴投入洋务中去。

事实上，盛宣怀是中国近代史上最具传奇色彩和神秘色彩的人物，也是对中国近代史有着重大影响的人物。著名历史学家夏东元评价他是："非常之世的非常之人，走着非常之路顺应历史趋势之佼佼者。"盛宣怀一生基本上与鸦片战争到五四运动旧民主主义革命时期的 80 年时间同步。他 1844 年 11 月 4 日生于常州马园巷盛宅。1866 年考中秀才，1870 年入李鸿章幕府，从此致力于中国当时最迫切需要的资本主义工商业的创办和发展，开始了他不平凡的实业家的生涯。

他先后创办了中国第一个大型民用航运企业——轮船招商局；筹建了第一家电信企业——天津电报总局，架设了全国 20 余省区的电线；创建了

中国第一家内河小火轮航运公司——山东内河小火轮航运公司；主持修建了中国第一条南北干线——卢汉铁路；创办了我国第一家国人自办的银行——中国通商银行；创建组织了中国真正意义上的第一个钢铁联合企业——汉冶萍煤铁厂矿公司；创办了中国最早的高等学府——北洋大学堂（今天津大学）和南洋公学（今上海交通大学）；倡办了中国红十字会并首任会长；创办了第一个私人办的"上海图书馆"等。

总括起来，盛宣怀在新式经济文化教育等事业上开创了许多个第一，另外他还有不属于第一的那些纺织、缫丝、金银铝铜煤矿、烟台张裕葡萄酒厂等实业。这是许多先进人士梦寐以求的变落后为先进使中国登临富强之域的进步事业，为中国近代化起了奠基作用。

盛宣怀作为中国近代企业的开拓者，通过办洋务而成为全国首富，并成为官场显贵，他官至邮传部尚书。由于他的高官地位，使他的社会活动在内部不得不受制于清廷，在外部不得不受制于西方列强。半封建半殖民地的社会环境，使他蒙上了多重的政治色彩。他首倡"东南互保"，以稳定长江流域社会局势不受义和团运动影响，又曾因推行铁路国有政策，激起四川保路风潮，成为辛亥革命的导火线，并因此被清廷革职，"永不叙用"。

因此，在他生前即毁誉不一，在他身后，盖棺犹难定论。党的十一届三中全会后，国内史学界对他在中国工业近代化过程中的巨大作用已有较为一致的看法。评价一个历史人物，要看他在那段历史长河中对社会起着推动促进作用还是相反作用。盛宣怀做的正是中国近代社会缺少的以先进技术武装起来的民族工商业，致力于变贫弱为富强、变落后为先进、变封建主

义为资本主义的近代实业。盛宣怀是中国近代"实业之父"，是中国近代民族资本主义工商业的开拓者、实践者，这已为学术界所接受。

"红顶商人"：胡雪岩

胡雪岩是清朝晚期最具传奇色彩的人物之一，是 19 世纪中国商界的风云人物。他的一生是极为传奇的一生。他开启了中国新式商人的先河，所以鲁迅称他为"中国封建社会的最后一位商人"。他白手起家，由商而官，由官而商，叱咤商界，游刃官场，从而富甲天下，"红顶商人"的美名流芳百世。

胡雪岩（1823—1885），名光墉，字雪岩，安徽绩溪人，生于杭州。他最初以一个钱庄学徒的身份资助官场人员王有龄，然后借助王有龄在官场上的势力，以开钱庄起家，层层托靠，周旋于官府势力、漕帮首领、洋商买办之间，办药局，开丝行，贩运粮食、军火，坐收渔利，迅速成为商界巨擘。他会逢乱世，结缘权贵，纳粟助赈，为清廷效犬马之劳；洋务运动开始后，他延洋匠，引设备，颇有劳绩；左宗棠西征，他筹饷械，借银款，大力相助；他开设国号药局，形成"北有同仁堂，南有庆余堂"之势，声名远扬。多年经营，终于名利双收，成为一位纵横商场、江湖，出入朝廷庙堂之上，煊赫一时、富可敌国的大人物。太平天国运动被镇压后，他因军功受左

宗棠保荐，获得朝廷特赐二品顶戴，特准紫禁城骑马，其母也以子而贵，获得诰封。

胡雪岩的经商才能、处世韬略，一直为世人所称道，甚至被尊称为"商圣"，流传着"古有陶朱公，今有胡雪岩""为官须看'曾国藩'，为商必读'胡雪岩'"之说。连鲁迅先生也称其为"中国封建社会最后一位商人"。

胡雪岩在为人处世和谋事借势方面有许多常人所不及之处，他对人情世故了解得通透，手腕活络，方圆兼具。他头脑灵活，能言善辩，眼光独到，出手豪阔，肯济人之急；他本江湖俗人，但行事不俗，所以每每能被读书人赏识，称他有春秋战国策士味道；他深知"世上的事是人办成的"，善于利用利益机制笼络人心，周旋于官场、商场、洋场和江湖各方面势力间，在动荡不安的社会环境里呼风唤雨，八面玲珑；他善于投其所好，知道有人撑腰腰杆才能直的道理，因此巧寻靠山，躲在大树底下好乘凉；他巧结人脉，结交天下真英雄，以宽和博取信任，以博爱网罗人才；他以和为贵，笑脸巧迎人，懂得慷慨也善于回收；他不甘下流，层层引导，不断为他人出谋划策，指点迷津，靠自己的真本事换来自己的地位，绝不流于拍马献谀。

胡雪岩有他自己一整套卓有成效的经营艺术。他特异独出，对时势有一种特殊的敏感，善于审时度势、把握时局、顺势取势，还能凭借自己的智慧和力量，去积极主动地创造出一种有利于自己的态势、格局和趋向；他凭借精明的商业眼光，生意范围几乎涉及他所能涉足的所有行当，而所有这些生意在当时的条件下都是能赚钱、赚大钱的生意，因此在起步之初，就为他今后的发展昭示了光辉灿烂的前景；他能站在对方角度上充分揣摩对方的需求，照顾对方的利益，并对对方施以恩惠，使所办事情水到渠成；

他运用丰富的经验和知识，敏锐地观察、捕捉机遇，大胆迅速地作出恰当的判断，在充满风险、复杂多变的生意场上占据主动地位；他不仅善于识别、选拔人才，而且能够根据他们的专长，各有所用，充分信任，使他们能留住心，为自己鞠躬尽瘁；他做事有心计，凡事坚持义在先，利在后，在品质上下功夫；他随机应变，因势利导，举重若轻，所以总能成竹在胸，胜券在握；他注重形象，讲究做招牌、做场面，树立自我形象，决不放过任何一次能够扬名的机会，他捐输赈灾，参与洋务，筹集粮械，襄助左宗棠西征，热心公益事业，融商业活动于国家大事之中，真正实现双赢……胡雪岩从一介布衣一跃而为"大清财神"，创造了一个传奇。

"状元实业家"：张謇

张謇（1853—1926），字季直，号啬庵，近代著名的政治家、实业家、教育家、社会活动家，对近代中国社会的发展作出了重要的贡献。特别是在他的后半生，放弃仕途，退居家乡，专注于通海一带的经济、文化建设与地方自治，试图在家乡"建设一个新新世界的雏形"，一个属于众人的公共空间，并推而广之，实现自己追求国家富强的梦想。在前后长达30年的时间里，张謇在家乡南通进行了全方位、系统性的早期现代化试验，将一个封建闭塞的县城，建设成布局合理，经济社会文化生态协调发展的"模

范县"，被外国友人誉为"中国的乐土""理想的文化城市"，铸造了"中国近代第一城"的辉煌。

张謇最初的创办工业的兴趣要追溯到 1895 年，当时他正住在家乡通州居父丧。由于他是南通地区最有威信的士绅，也由于署总督张之洞已要求他组织当地民团，他开始在地方事务中充当首领。这导致他卷入一场当地的请求地方政府清廉吏治的活动，即把对棉布征收的各种杂税统一起来，而棉布则是该地区的主要手工业产品。虽然他那次尝试失败了，但却明显地引起了他的工业兴趣，并为他赢得了与当地棉布商人的友谊。还在盛宣怀于上海创建其棉布厂的几年前，张謇已在通州买了许多棉花并试图在那里建立一家棉纺厂。但盛宣怀却被上海那些想要保护当地的手工纺织业的商人所拦阻。不过，到 1895 年，当地的反对已减弱下去，因为商人们看到机纺棉纱日益普及并认识到了建立他们自己的纺织厂的可能性。

与此同时，除了上海和湖北的棉纺厂外，张之洞也一直有意在江苏再建一些棉纺厂。他显然被 1895 年 4 月的《马关条约》的条款搞得心烦意乱，据此，外国人获得在通商口岸建厂的权利。张之洞计划再建两个厂子，一个在苏州，另一个在通州，这两个地区都因盛产棉花而出名。他先和逗留在家的京官、苏州名士陆润庠打交道。陆开始积极地响应，但不久便放弃了他的经营以便恢复其仕途。

张之洞将建第二家棉纱厂的计划交给了张謇。两位当地的棉货商刘桂馨和陈维镛向张謇介绍了两位在上海的富商，广东籍的潘华茂和福建籍的郭勋。他们当时决定在通州建一个拥有 60 万两白银资本和 2 万枚纱锭的中型纺纱厂。潘和郭，再加上第三位商人——宁波的樊芬，将组成上海董事会并负责筹集 40 万两白银。刘和陈、加上张謇信任的朋友沈燮均，将组成当

地的董事会并负责筹集其余的 20 万两。在这个最早的总体组织计划中，张謇因无自己的实际上的资本，还不是董事。他是官方创办人并负责全部与政府的交道。张謇的角色分明揭示了任何一批没有官方证书的个人要开办一家大的现代产业在当时会是多么困难。

但是张謇凭借自己的毅力和智慧，克服了重重困难，终于在 1899 年 5 月，生产出了所创办的大生纱厂的第一支纱。从那时起，公司获得了可观的利润，而张謇在 10 月份就早早地给刘坤一送上了乐观的报告。公司在 1899 年赢利 2.7 万两，并开始向其股东支付每年最低限度为 8% 的红利。一些官方贷款被偿还，因为在 1899 年，仅还剩 38500 两的贷款。桂道台在 1899 年企图接管公司，声称公司是政府所有的企业。张謇强硬地向刘总督申诉，并要挟要辞职。张謇显然成功了，因为公司尽管有 50% 的政府股份，仍被认为是一家商办企业。不过，张謇本人称其为绅督商办，即使他有时也用官商合办这个提法。张謇相信他已成功地开创了一家私营近代企业，他的经历甚至进一步表明：他能引入政府资本并在无国家监督的情况下使用它。

张謇一手创建的近代实业，具有重大的历史意义，主要表现在：

1. 促进了通海地区的近代化

经过张謇 30 年的努力经营，陆续兴办了一系列的近代工厂、近代学校，近代文化设施；在荒漠的海滨盐碱地上，创建了几十家近代盐垦公司，兴修水利，广植棉花。这就从根本上改变了这个地区的落后面貌，把这个地区推向了近代化，大大发展了这个地区的社会生产力，提高了广大人民的生活水平和思想文化水平，为南通人民造福无穷。张謇为南通地方造了福，南通人民是永志不忘的。

2. 为全国树立了楷模

张謇的事业，不仅造福南通，而且影响全国。大生纱厂拥有的纱锭，占当时华资纱锭总数的 7%。大生资本集团在当时民族资本纱厂中一度占重要地位，张謇便担任过中国纱厂联合委员会的首任委员长。在南通以外的近代企业中，这个集团也有不少投资，辛亥革命爆发前夕，便一度组织大维公司，接办武汉纱、布、丝、麻四官局，把触角伸向华中。利用海滨盐荒，兴办盐垦公司，推广植棉，是全国的首创。南通师范学校、通州女子师范学校、南通博物苑等的创办，都为全国开风气之先，起了带头示范作用。张謇的事业立足于南通，影响全国。

知识链接

“商业巨子”席正甫

时势造英雄，洞庭东山的席正甫就在这样的时局下，一手造就了旧中国最著名的金融豪门，传统的文人气质中融入了一股现代商业的霸气。席家从席正甫开始，祖孙三代及女婿共十四人，先后担任了上海二十多家有影响的外资银行的买办，成为势力最庞大的金融买办家族，谱写了中国商业史上一段具有传奇色彩的华美篇章。

扩展阅读 "一代船王"包玉刚

包玉刚，不仅仅是一个宁波人的名字，更是世界船王的名字。他闻名海内外，成就令全世界瞩目。

1918年，包玉刚出生在离海不远的一个小村庄里，童年的包玉刚最喜欢的事情就是看海看船，他曾经希望自己长大后能当船长并驾船周游世界。没曾想几十年后，世上少了一个船长，却多了一个世界级的船王。

包玉刚在而立之年时，还不为人所知。1949年，他来到香港，决定干出一番事业。他起初做过粮食、中药等的销售。后来他有了资本以后，小时候当船长的梦想重新浮现在脑海里，也正是这个梦想开拓了他人生的灿烂之路。

当时的香港已经是一个国际性商业大港，于是包玉刚想转行做船运。但是刚开始计划便遭到了家人和朋友的反对，他们都不想让包玉刚去冒风险，因为船运的生意风险性太大，可能赚大钱，也可能倾家荡产。但包玉刚却暗暗坚定了自己的决心。

几经波折，他终于集全家的积蓄——二十万英镑，买下了英国公司的一条旧船，从此起家了。包玉刚这样的"家底"不免让人嘲笑，有人竟然打赌说："他凭这一条旧船能成功的话，我就在香港码头上倒爬几个来回。"

但岁月见证了一切，二十年后，包玉刚的船运事业从一条旧船发展成了一个闻名遐迩的"海上王国"。

包玉刚开始的时候，力求保证低风险性，他宁可少赚钱，也不接有风险的生意。这个期间他的主要合作伙伴是日本的货运公司和造船公司。

20世纪50年代，包玉刚所经营的都是散装货轮，吨位小，加上租金低，赚钱不多，发展也不够快。他开始想新的办法，购买油轮，面向世界。但是挑战随之也来了，欧美的石油公司和其他租户对华人船东存在偏见，认为与他们合作没什么前景。包玉刚为了解决这个问题，四处游说，到处许诺保证，如完不成货运任务愿加倍自罚。在这种情况下，才终于有了一个难得的机会……最后，包玉刚的船队出色地完成了货运任务，由此挤进了国际航运界。

60年代初，包玉刚又抓住了一个重要的机遇，那就是巧妙地与汇丰银行签订了贷款协议，从此借鸡生蛋，飞速发展了自己的船队规模。七年之后，他拥有船只五十艘，又过了十年，拥有船只二百多艘，位居世界船王之首。由此大大提升了中国人的尊严和信心。

如今，船王已逝，但他艰苦创业的历程和辉煌的生涯却永驻我们心中，振奋着我们。

第二章

中体西用

——外弩内强的金融新体系

明朝中后期，中国就已经出现了资本主义萌芽。有些行业在鸦片战争前已有资本主义萌芽，以后在此基础上生长出资本主义工业，如丝织业、煤炭业、陶瓷业等。如果没有外国势力的侵入，中国也将缓慢地走向资本主义社会。19世纪六七十年代，西方列强加紧了对中国的经济侵略，中国自然经济的解体加速，这就为中国民族资本主义的产生与发展创造了客观条件。

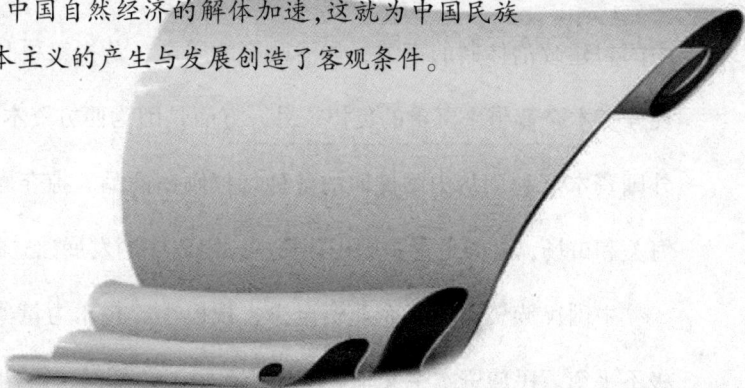

新兴民族资本

　　鸦片战争打开了中国的大门。外国资本主义的入侵，摧残了中国资本主义的萌芽，截断了中国资本主义的发展道路；与此同时，也分解着中国自给自足的封建经济，为中国资本主义的发展提供了某些客观条件和可能。商品市场的扩大和劳动力市场的扩大等情况的出现，使中国在保存封建经济的同时，又产生了资本主义经济。中国的民族资本主义作为一种新的经济因素出现了。随着外商企业陆续在通商口岸出现，中国的一些官僚、地主、商人，开始引进外国先进的生产技术和机器，投资于近代企业。19世纪六七十年代，中国资本主义工业在上海、广东、天津等沿海地区发展起来了。

　　产生于当时的民族资产阶级"先天不足"，后天畸形，这一方面是因为中国封建政治体制的束缚，如清政府的厘金、苛捐杂税和其他勒索等，给民族资本企业带来沉重的负担；另一方面是因为西方资本主义势力的挤压，外国资本家利用从中国攫取的各种特权倾销商品、掠夺原料、控制中国的海关和市场，处处危害中国民族资本，阻碍中国发展独立的资本主义。

　　中国民族资本主义企业资金少，规模小，技术力量薄弱，而且发展也极不平衡。民族资本主义企业多集中在轻工业部门，像食品、纺织等行业。

这些企业资金少，只有个别厂矿资本达 20—30 万两，大部分企业都在 10 万两以下。设备落后，技术水平普遍低下，如火柴业除了采用一些新的原料和技术外，基本上仍以手工制造为主。上海的机器行业一般开办时都仅有一两台车床，即使是在 19 世纪 90 年代，能拥有 10 多部车床，就已算较大的厂子了。所以，民族工业的规模与实力，远不如洋务派的军事工业及官办、官督商办的民用工业。

因此，民族工业存在很多困难：在技术上需要聘请外国技师，购买外国的机器和原料；在资金上，往往要向外国银行借款；在投资方向上主要是尚未被外国资本势力完全占领市场的那些行业，或者是适合外国资本掠夺原料需要的那些行业，如缫丝、制茶等；就连在投资地点上都无法摆脱对外国资本的依赖，当时 100 多个民族资本工厂多在通商口岸，集中在上海、广州两地。

民族资本在外国资本主义的打击排挤下不得不依赖封建势力，甚至采取行贿等手段去拉拢地方官僚，求得减免税厘及专利的特权，或者呈请官督商办，管束工人。而且，当时民族资本企业的投资人，又多是由官僚、地主和商人转化而来，商人一般都有官衔。而面对封建制度的没落，他们又不得不依靠外国资本主义。为求得资本主义国家的保护，他们甚至不得不悬挂列强的国旗。

民族资本的处境，决定了民族资产阶级两面性的特点。他们一方面有反对外国资本主义侵略和本国封建主义压迫的革命要求；另一方面又有同外国资本主义和本国封建主义相妥协的软弱性。

到甲午战争以后，外资企业已在中国近代工矿企业、交通运输业、商业和金融业等方面占据了绝对优势，为近代工业生产做出了"示范"，并且

不可避免地将西方近代企业制度和经营管理方法带到中国。这些近代工矿、交通、运输企业的兴办，标志着中国资本主义的产生，是中国从农业社会向近代工业社会转型的开端。

最早出现的资本主义工商业，是服务于西方在华贸易和在华外国人生活需要的外资企业。中国最早的产业工人也随之出现了，但是数量较少。六七十年代以后，随着洋务派兴办军事工业和民用企业，以及商办企业的出现，产业工人的数量开始增多。至1894年，中国产业工人的数量约有10万人，此外还有海员、船员、码头运输工人、城市建筑工人、手工业雇佣劳动者、商店店员及农村中的雇农和其他城乡无产者等，也属于早期无产阶级的范畴。近代产业工人是中国无产阶级的核心。

多币并用的货币流通

清代的货币制度实行白银与铜钱平行流通，而银、铜这两种币材之间并没有一定的法定价值相联系。白银用作政府的收支和商业上的大宗交易的通货，但是清政府没有按照货币管理的原则来管理白银，长期没有广泛流通的银铸币，一直停留在称量货币（银两）的阶段；对银锭、银块的铸造采取放任态度，银的成色和单位重量可以随时随地而异。

铜钱用作民间的零星支付的通货，而清政府对铜钱的铸造却有严格的

规定，不许民间私铸，只能由官府铸造。清朝称本朝官铸的铜钱为"制钱"，以区别于古钱。清政府对制钱的规格有法定标准。

实际流通的货币种类繁多芜杂。从银两来看，要区别是实银还是虚银。实银常铸造成锭，称作"宝银"。按其形状大小可以分为以下数种：元宝——每只约五十两重，因形似马蹄路，又称马蹄银；中锭——重约十两，多为锤形，也有作马蹄形的，也称小元宝；小锭，又称镶子或小锞子——一般重一二两到三五两，状如馒头；滴珠、福珠——零星碎银子，重量在一两以下。银两的称量及成色标准，更为复杂。

称银两的标准秤叫作"平"，但是这种作为标准的"平"本身却是五花八门：清政府征收各项租税用的叫"库平"，征收漕粮折银用的是"漕平"，海关征收进出口税用的是"关平"，对外贸易用"广平"（又称司马平），市场交易用"公砝平"（或公法平），各地的库平、漕平、"公砝平"（或公法平）等亦各不相同，全国各种"平"有上百种之多，令人头晕目眩。各地所铸宝银的成色也是高低不齐。

这些平色繁杂的银两，折算起来非常麻烦，严重阻碍了商品经济的发展，却为官吏敲诈百姓提供了一种借口，为钱商盘剥客户提供了一种手段。因银两平色不同，各地均设有专营铸造宝银的银炉（或称炉房，清代有官营和民营之分），设有专门鉴定宝银成色和重量的公估局。每个地方的银炉要将外地流通进来的宝银回炉重铸成当地的宝银，经当地公估局批定后才能在当地流通。经过银炉的铸造和公估局的批定，使得在当地市场交易时白银可按锭数授受，不必每次都经过称量和成色鉴定，为地方市场的交易提供了一定的便利。但是这些宝银如果流到其他地方去，又得回炉重铸，这样仍然给较大范围内商品经济的发展带来了不便。

　　虚银是清后期虚设的银两计值单位，有其名，无其物，虚银种类也很多，其中最重要的有：

　　纹银。清政府法定的一种银两标准成色，始于康熙年间，每百两纹银须升水六两才等于足银。各地实际使用的宝银多半比纹银成色高，所以折合纹银要有升水，例如上海通用的元宝每锭（五十两）合纹银五十二两七钱，须升水二两七钱，称作"二七宝"。其他如武汉的"二四宝"、天津的"二八宝"等均以此类推。

　　上海规元。上海通行的一种虚银两，只作记账用，其成色又比纹银低2%，亦称九八规元。其来源为道光年间来沪经营豆类的东北商人，年终时急欲得现银北返，不惜以九八折算。相沿之得名为九八豆规元。后来上海商业日繁，为了适应交易需要，1858年上海外国银行与商界公议将往来账目改为以规元计算。

　　海关银。亦称关平银、海关两，为近代中国海关征收关税时所用的银两计值单位。前后期所借外债及赔款等多以海关两计算。每100海关两折合上海规元111.4两。

　　虚银中其他较重要的还有天津行化银、汉口洋例银等等。

　　随着清代对外贸易的发展，流入中国的外国银元也逐渐增多，种类先后有几十种，其中重要者有西班牙本洋、墨西哥鹰洋、香港英属银元和日本龙洋等。

　　由于中国所铸元宝等形状不一，成色和平砝千差万别，给市场交易带来了种种不便，而外国银元重量和成色都有一定标准，制作也精美，使用方便，人们乐于接受，虽然成色较低，但它们对白银的作价却被越抬越高。

有人计算，中国白银兑换外国银元要吃亏 11% 以上。洋商本来是用银元来买中国的茶叶、丝绸和瓷器等，后来见到银元价格被抬高，就运来大量低成色的银元用来"买"中国白银，运回去铸成更多的银元再行运到中国，辗转往复，获利丰厚。中国却因清政府货币制度的落后而白白损失了数以千万两计的银子。

外国银元大量流入中国，既助长了外国资本主义对中国的经济侵略与掠夺，又使旧中国本已繁杂的通货变得更加复杂。但是在另一方面，外国银元的流入，也促进了中国的币制改革。

早在道光、咸丰年间，林则徐等就曾经一再向非政府提议自铸银元，但都遭到当权的守旧势力反对。后来由于外国银元的流通越来越广，对中国金融的损害越来越大，清政府不能再漠视了，终于在 1887 年批准两广总督张之洞的提议，在广东设造币厂用机器铸造银元。广东造的银元每枚重七钱二分，与当时在中国广泛流通的墨西哥银元相仿，因其背面铸有蟠龙纹，俗称"龙洋"。清政府下令所有捐税钱粮的征收等均得使用这种银币。民间交易也将其与墨西哥银元同样看待，所以它的流通较为顺利。它是中国正式铸造新式银币的开端。

总体来讲，如按先后年代将清代各种制钱实物进行比较，品质是一代不如一代，这导致当时物价不断上升，而使用制钱较多的贫民受害也较大。

经过鸦片战争，清廷耗去巨额战费和赔款，财力衰减。接着太平天国运动爆发，清政府军费支出浩繁，而因战区扩大使得财政收入锐减，清朝财政十分困难，在咸丰三年开始采取通货膨胀政策，铸造大钱。起初铸造当十、当五十、当百大钱，后来又进一步铸造发行当五百、当千大钱，并加

铸当十铁大钱。为铸大钱，各省纷纷增设铸造局，民间私铸者风起云涌，市面上大钱迅速贬值。商民们用种种办法，包括关门闭市等，来拒收大钱，特别是铁大钱，清政府的大钱制度迅速失败。

在大钱出笼不久，清政府又开始发行纸币。咸丰三年发行了以银两为单位，面额为一两、三两……五十两的官票（亦称银票），和面额为二百五十文、五百文、一千文……百千文的钱票（即大清宝钞）。这种纸币的滥发，加剧了物价上涨。同治初年，清政府下令地方政府收税时停止收纸币，改收实银，不久纸币几乎成为废纸，咸丰年间清政府的纸币政策也失败了。

太平天国定都南京后，也铸造了名曰"天国圣宝"的铜钱。这些铜钱用料较好，铸造得法，刻工精良，与当时清政府在北京滥铸的大钱成为鲜明的对照。太平天国后期天王还批准颁行洪仁玕所拟的《资政新篇》，在这部发展资本主义的施政纲领中明确提出了兴办银行、发行纸币等主张。这在中国近代金融思想史上是很可贵的一页。

新式银行：通商银行

19世纪中叶以来，中国不少有识之士如洪仁玕、容闳、郑观应、陈炽等，都曾提出国人自办银行的主张，但是直到外资在中国设立银行50年之后，中国仍然没有自己的新式银行。

1896 年，督办铁路事务大臣盛宣怀也上奏提出，自办银行可以"通华商之气脉，杜洋商之挟持"，可以发行钞票，经办国债等；盛宣怀还将创办银行与修筑铁路进行了比较，认为"铁路收利远而薄，银行收利近而厚"，他的主张投合了清廷当政者欲解决财政困难的心意；再加上当时兴办工矿交通事业，挽回利权的群众运动已经高涨，要求自办银行的呼声也很高；外商银行的高额利润，及其咄咄逼人之势对清政府也有很大刺激，因此光绪皇帝及军机处大臣等经过一番商议，才批准了盛宣怀关于自办银行的奏请。之后，由盛宣怀招商集股，经过一番紧张的筹备工作，于 1897 年在上海设立了第一家华资新式银行——中国通商银行。

中国通商银行名为商办，实为官商合办，在它的 250 万两开办资本中盛宣怀等官僚股份及洋务企业招商局、电报局的股份占了大半。这一银行的存款也主要来源于官款，它刚一成立，户部就拨存 100 万两银以示支持，以后陆续有官款存入。清政府还授予该行发行纸币特权，发行银元券和银两券。盛宣怀还一再奏请清政府尽可能将官款汇兑业务交给通商银行办理，在他的努力争取下，通商银行的官款汇兑业务逐渐开展起来。清政府所借的铁路外债也都由它经手办理存汇业务。它与盛宣怀控制的招商局、电报局及其他一些洋务企业有较多的业务关联。总之，通过盛宣怀同清政府的种种联系，是通商银行初期得以立足的根本。

尽管通商银行享有种种优惠和便利，但是它的发展比较缓慢，这与它的管理体制有关。通商银行的组织管理特点是既盲目崇洋又守旧腐朽。一方面它过分地模仿汇丰银行，也设立了"洋大班"管理体制，总行和各重要口岸分行的业务经营实权都聘请洋人来掌管，总行的账册、簿据亦全用英文记载；另一方面它又带有浓厚的封建衙门习性，它的董事会成员是由盛

宣怀一人指派，而非股东会选举产生，各分行的分董或经理也多由退职官吏、候补道员及豪绅等担任，这些人不懂经营，反把衙门习气带入银行。由于通商银行管理体制混乱，用人不当，其经营状况陷于落后、腐败和停滞之中。

进入 20 世纪以后，新的华资银行不断设立。据统计，截至 1911 年，共设立了 30 家华资银行，其中官办和官商合办的有 13 家。

知识链接

户 部 银 行

户部银行 1905 年 8 月成立于北京，不久又在天津、上海、汉口、济南、张家口等地设分行。户部银行以股份有限公司形式组建，开办资本 400 万两，其中一半为清政府户部的官股，另一半由私人（外国人除外）自由认购。户部银行名义上是官商合办，而实权则操于官府手中，其正副总办均由户部派任。清政府给予它铸造硬币、发行纸币、代理国库等特权，相当于国家银行。户部银行的业务有较大发展，到 1911 年上半年它吸收的存款已达 6339 万两，比中国通商银行同期吸收的存款高出 30 多倍。

"南三" "北四" 财团

除中国银行和交通银行外，发展较好的华资银行有"南三行"和"北四行"。

"北四行"是金城银行、盐业银行、中南银行、大陆银行这四家商办银行的统称。它们的大股东多为北洋政府的军阀与官僚，能得到北洋政府的支持，发展较为迅速。"北四行"于1922年成立了"四行联营事务所"，初期做些联合放款业务，后又建立四行联合准备库，共同发行中南银行的钞票，由于准备充足，信誉卓著，1923年又开办四行储蓄会，吸引了社会上的大量存款。

"南三行"是上海商业储蓄银行、浙江兴业银行、浙江实业银行的统称。这三家商办银行以上海为基地，在经营业务上相互声援、相互支持，它们之间的一些董事、监事也互相兼任，它们之间虽然没有联营事务所一类的组织形式，但实际上收到了联营互助的成效。

上海商业储蓄银行（简称上海银行）是"南三行"中的后起之秀。它成立于1915年，开办时资本不足10万元，比"南三行"和"北四行"中其他银行要小得多，甚至连一家大钱庄也不及，所以人称其为"小小银行"。由于该行总经理陈光甫等管理严密，善于用人，经营富于创造性，抱着"人争

近利，我图远功；人嫌细微，我宁繁琐"的宗旨，开创了一元储蓄等多种零星储蓄以吸收存款，业务发展很快，到 1926 年时其资本已增至 250 万元，吸收存款达 3000 多万元，其分支机构已遍布全国，成为华资银行中的佼佼者，被人视为奇迹。

在华资银行的经管人员中还涌现出一批近代著名的银行家。如中国银行的宋汉章、张嘉璈，交通银行的钱永铭，金城银行的周作民，盐业银行的吴鼎昌，浙江兴业银行的叶揆初，浙江实业银行的李铭等，都是华资银行界的栋梁之才和经济领域的风云人物，对中国近代金融事业的发展做出了重要贡献。

知识链接

官商合办：交通银行

交通银行是 1908 年由邮传部设立于北京的一家官商合办银行，开办资本 250 万两，邮传部官股占四成，其余六成"无论官民，均可认购"。它在上海、天津、汉口等地设立了 20 多个分行。它吸收的存款主要以政府机关为主，至 1910 年时达 2370 万两，虽不及大清银行，但比中国通商银行要大得多。交通银行于 1914 年修改了章程，改股本总额为 1000 万两，继续经营轮、路、电、邮"四政"的收支，同时分理国家金库、国内外汇兑及发行钞票等业务。中国银行和交通银行成为北洋政府的两大财政金融支柱。

"四行两局"金融体系

"四行两局"是国民政府 1928—1935 年间为垄断全国金融和经济而建立的中央银行、中国银行、交通银行、中国农民银行这四行和邮政储金汇业局、中央信托局这两局的官僚资本金融体系的简称。

1927 年 10 月，国民政府颁布了《中央银行条例》，决定成立中央银行，规定该行为国家银行。用当时财政部长宋子文的话来说，中央银行的成立，"一为统一国家之币制，二为统一全国之金库，三为调剂国内之金融"。

经过一年的筹备，中央银行于 1928 年 11 月在上海正式开业，宋子文兼该行首任总裁。中央银行开办资本 2000 万元，全部以国民政府发行的金融公债抵充，并无一元现金。国民政府授予中央银行经理国库、发行兑换券、铸造和发行国币、经办国内外公债和还本付息以及外汇业务等特权，使中央银行成为官僚资本金融体系的指挥中心。为了增加中央银行实力，国民政府又于 1935 年用增发金融公债及银行垫支等办法将中央银行资本扩充到 1 亿元，使它成为当时全国最大的银行。

可以说，中央银行是国民政府运用政权力量一手造就的。在中央银行成立后的 8 年间，随着国民党统治的强化，中央银行利用其特权地位，使其资产增加了约 25 倍，存款增加约 48 倍，纸币发行额增约 28 倍，纯利

增加了 70 倍，为"四行"中的"龙头老大"。

中国银行和交通银行在国民政府刚建立时都已具有相当大的规模，实力居华资银行之冠。国民党要想垄断全国金融，就必须加强对中、交两行的控制。

1928 年 10 月，国民党政府对中国银行进行了改组，特许为国际汇兑银行，经营国内外汇兑及代理部分国库事宜和发行兑换券等，并将其总管理处从北京迁到上海，强行加入官股 500 万元，以公债预约券的形式拨给，还派入 3 名官方董事。不过，这时中国银行总经理由张嘉璈担任，国民政府只是初步将势力渗入中国银行，该行的实权仍然掌握在江浙财团之手。

中国农民银行前身是 1933 年成立的"豫鄂皖赣四省农民银行"。这家银行是蒋介石等为了进行对中央红军的军事"围剿"，在经济上配合国民党的农村工作及筹集"剿共"经费而建立的。中央红军实行战略大转移，开始长征后，蒋介石等对红军围追堵截，军事活动范围扩大，军费开支增加，因此于 1935 年 6 月国民政府将四省农民银行改组为中国农民银行，资本总额增为 1000 万元，由财政部和各省市政府分别认股。

该行除经营一般银行业务外，着重为国民党筹措军费，购置军粮，并发放农贷以控制农村经济，还享有发行"兑换券""农业债券"和"土地债券"等特权，成为国民党官僚资本四大银行之一。

中国自 1896 年创办邮政局，同时开办汇兑业务以来，至 1929 年时通汇的邮政局所共有 2374 处，全年开发汇票总额达 1.3 亿元，邮局的储蓄业务也已经开展起来，邮政部门兼办的汇兑储蓄业务可以伸展到全国各地。

1930 年 3 月，国民政府通过法令，在上海成立邮政储金汇业总局，直属国民政府交通部，负责邮政局所兼办的储金汇兑业务。到 1935 年时通汇

局所已经增至 9500 处，储金总额也成倍增长。这年 3 月又将总局改组为邮政储金汇业局，改隶属于邮政总局。邮政储金汇业局的业务主要是举办活期和定期储蓄、邮政汇票、电报汇款等，它是国民政府吸收大量存款和汇兑资金的有力工具。

中央信托局成立于 1935 年 10 月，总局设在上海，各地设有分局或代理处。其资本总额 1000 万元，全部由中央银行拨发，首任董事长亦由当时的中央银行总裁孔祥熙兼任。

国民政府为什么要设中央信托局呢？用孔祥熙的话来说，就是"因为政府方面有许多事要委托一个商业机关办理。同时，中央银行限于国家银行代理国库地位，事实上和手续上有许多不便"，所以设立中央信托局来代办。该局的主要业务是为国民党军队采购军火，垄断出口物资的收购，经营"公有"财物及政府机关重要文件契约的保险及保管事项，经理国营事业或公用事业债券股票的募集和发行，经收公共机关或团体的信托存款并代理运用等。它一成立，就因拥有特权和资本雄厚，成为国内最大的信托机构，并使其他信托公司和各银行信托部的信托业务都受到影响和排挤，当时人们将其喻为"信托之霸王"。

"四行两局"是国民政府运用政权力量，或新设，或改组而建立起来的官僚资本金融体系，这一体系的建立加速了资金的集中，为国民政府进一步垄断全国金融和经济奠定了基础。到 1936 年时，中、中、交、农四行在全国 164 家银行中，实收资本占 42%，资产总额占 59%，存款占 59%，发行钞票占 78%，纯益占 44%，在众多的银行中，"四行"已是既享有政治特权，又在资金实力上占有绝对的优势，基本上控制了全国的金融命脉。

近代中国第一家银行中国通商银行在 1935 年"白银风潮"中发生挤兑，

现银准备不足，被迫接受国民政府的官股，改组为"官商合办"银行。它和四明商业储蓄银行、中国实业银行、中国国货银行都受国民党官僚资本控制，成为国民党官僚资本金融体系的附庸，俗称"小四行"。

"废两改元"的货币制度

到了19世纪末，（制）钱、（银）两、（银）元并用的货币制度，已严重不适应国内市场经济发展和国际贸易发展的需要。银两制是一种称量货币。流入中国的外国银元，是一种计数货币，使用方便，受到商界欢迎。

1882年，吉林省铸造银币，以重量计值，即仍为称量货币。1890年广东、1895年湖北、1896年江苏铸造的银币，其重量和成色与市面流通的外国银元基本相同，即已是计数货币。银元制代替银两制和纸币代替金属货币，是货币现代化发展趋势。

1910年清王朝公布的《国币则例》和《兑换纸币则例》，反映了这种要求。它是全面解决币制问题的方案。但未及实行，清王朝就垮台了。辛亥革命后，特别是1917—1920年，各工商团体和经济学界多次呼吁废两改元。

1933年3月1日，国民政府财政部颁布《废两改元令》，3月10日先在上海实施。财政部又于4月5日发布《废两改元布告》，规定4月6日起，全国实行废两改元，所有公私款项的收付与订立契约票据及一切交易，须

一律改用银元，不得再用银两。

中央造币厂从 3 日起铸造统一标准的新银元，以代替旧银元。持有银两者可送交中央、中国、交通三银行兑换银元。银两制是一种落后的货币制度，它不能在全国范围内充分发挥价值尺度和流通手段的作用。废两改元是商品经济发展的要求，合乎货币制度的发展规律，对全国统一商品市场的形成和统一货币市场的形成有积极意义。废两改元是中国货币制度向现代化迈出的第一步，是具有积极意义的币制改革，为后来实行法币政策奠定了基础。

1929 年世界经济危机以后，美国为了白银矿资本家的利益，为了操纵白银市场，为了刺激银本位制国家的购买力，以便向这些国家倾销过剩商品，转嫁危机，于 1933—1934 年实行"白银政策"。要点是：提高白银价；美国货币的准备金中，金占 75%，银占 25%，为此需购进大量白银；财政部长有权在国外购买白银；白银收归国有。美国的白银政策引起了世界银价的上涨。

中国是世界上实行银本位制国家中最大的一个，又不产银，每年要进口白银。银价上涨后，中国不但不能进口白银，国内白银还大量外流，导致市场上银根奇紧，金融梗塞，物价下降，工商各业资金周转困难，银行、钱庄和工商企业大批倒闭或停业。中国货币的银本位制的基础受到破坏，朝不保夕。

1935 年 9 月，英国利用中国金融困难的时机，派首席经济顾问李滋·罗斯来中国，为国民政府策划币制改革。11 月 3 日，国民政府财政部发布《施行法币布告》，实行币制改革。其主要措施有：

1. 统一货币发行。从 11 月 4 日起，以中央、中国、交通三银行（1936

年2月增加中国农民银行）发行的钞票定为法币，具有无限法偿性质。其他银行发行的钞票，由财政部限期以法币换回。

2. 废除银本位制，实行白银国有。所有完粮纳税及一切公私款项的收付，概以法币为限，不得使用银币。银钱行号商店及其他公私机关或个人持有的银币、生银等类者，3个月内兑换成法币。

3. 确定法币的对外汇率。规定法币1元等于英镑1先令2.5便士。法币与英镑直接联系，被拉入英镑集团。为使法币对外汇价按目前价格稳定起见，应由中央、中国、交通三银行无限制买卖外汇。法币是一种固定汇率制或汇兑本位制。对此，美国很不高兴，立即停止高价收购白银，致使银价下跌，中国外汇准备金减少，法币基础发生动摇，迫使国民政府不得不向美国求救。

1936年5月，国民政府与美国签订《中美白银协定》，由美国按世界市场白银的平均价格，收购中国白银5000万盎司，以维持法币汇率；确定法币与美元的汇率为法币1元等于0.2975美元。法币又与美元挂钩。

这次币制改革建立了新的货币制度，用纸币代替金属币，统一了币制，使货币制度现代化，适应市场经济发展的要求，改变货币混乱局面，在一定程度上促进了社会经济的发展。法币流通后，资金松动，利率下降，金融市场安定；物价回升，刺激生产复苏。

中国货币与白银脱钩，币值不受世界市场银价影响，币值比较稳定。对外贸易获得发展。法币政策有利于防止日本偷运白银出口。1936年的GNP比1935年增加22亿元，增长9.3%。法币同英镑与美元实行固定汇率，这使法币容易受英美货币变动的影响，便于英、美两国控制中国金融。法币是一种不兑换纸币，发行量没有限制，这也为以后的通货膨胀埋下了隐患。

证券交易市场的出现

证券交易所是长期资金市场，它的对象有股票、债券和公债。中国证券的出现较晚。19世纪70年代，洋务派官僚通过在上海市场上发行股票，筹措所办民用企业的资金，市面上才出现了证券的买卖活动。

1882年成立的上海股票平准公司是最早的证券交易机构。1892年，外国人在上海设立中国境内最早的交易所——上海股份公所。1906年，外国人设立上海众业公所，从事证券和物品的投机交易。1913年，上海成立股票商业公会。1913年，民国政府召集全国工商界大资本家在北京开会，讨论在全国设立交易所事宜。次年公布证券交易所法。1914年，上海机械面粉公会附设贸易所，从事面粉的现货和期货交易。同年秋，上海华商成立股票商业公会，每日上午9时至11时聚会买卖，上市股票有20余种，可进行现货和期货交易。从此改变了由外商独占证券买卖的局面。

上海金业组织金业公所，其中黄金交易已制定有较为完备的规划。1918年，北平证券交易所成立，以经营股票、债券为主，兼做外币交易。它是中国人设立的最早交易所。此后，出现了公债、证券的期货交易。该年冬天，日本又在上海设立上海取行所，这一举动使上海工商界无法忍受。于是上海的一批交易所发起人从沉寂中活跃起来，加紧筹备工作。

1919年6月，民国政府批准成立上海交易所，它有兼营证券和物品的

特权。1920 年 7 月，正式成立上海证券物品交易所。它除经营证券外，还经营金银、皮毛、花纱布、粮油等几种物品；资金 500 万元，半年之间盈余 50 多万元。其他交易所盈利也颇丰。物品期货市场形成雏形。

1921 年 5 月，民国政府颁布《物品交易条例》，对商品期货交易的有关事项作了规定。同年批准成立天津证券、花纱、粮食、皮毛交易所股份有限公司。该年，商品期货交易与证券期货交易投机达到高潮，华商证券交易所，上海面粉交易所、铁皮交易所、杂粮油饼交易所、华商棉花交易所等纷纷成立。至夏秋之交，上海的交易所达 136 家。由于交易所和信托公司畸形发展，助长投机。在投机分子的操纵下，股票价格飞涨，投机盛行，市面资金紧缺，银行和钱庄于是收缩银根，造成许多信托公司和交易所倒闭，全国能营业的证券交易所只剩下三家。

证券市场的出现，本是反映资本主义工业的发展和股份制企业的增多，反映现代企业对社会资金的需要，证券市场可以集中闲置分散的资金转化为工矿交通业的投资，促进工矿业的发展。但在投机风的打击下，百姓对股票与债券失去信任，交易疲软。商品期货交易也处于低潮。1929 年 10 月，国民政府颁布《交易所法则》，1930 年颁布《交易所法则施行细则》，同时依法加强了对交易所的管理。全国证券市场和期货交易重新活跃。

1933 年 6 月 1 日，根据《交易所法则》，上海证券物品交易所并入华商证券交易所，后者成为上海统一证券市场。北京交易所因政权南移而衰落。

扩展阅读　农村信用社

农村信用社是由农民入股、入股农民管理、主要为人民服务的金融机构。1923年4月，中国华洋义赈会在河北省创办第一家农村信用合作社。1928年后，国民政府先则委托华洋义赈会在鄂、皖、赣等省推行信用合作社，继则通过中国农民银行组织信用合作社。

信用合作社的资金，除了银行贷款外，还收社员股金和零星存款。它贷款给社员，帮助他们发展生产，改善生活。国民政府规定，入社农民须有土地十亩以上，或者须有"生活能力"。因此，贫苦农民被排斥在信用社之外，不得不乞贷于高利贷者。

随着中国市场经济的发展，农村的资金通过以下几条渠道向城市集中。

首先，商业网和商业利润。由于商业网向农村的延伸，城乡商品交换数额增大，城乡工农业产品不等价交换价格结构的发展，商业利润的增多，使农村资金随之向小城市、中等城市、大都市集中。

其次，农村税收。因为政府机关设在城市，国家的税收主要用于城市，所以取之于农村的税收，集中于城市。随着农村税额的加多，向城市集中的资金也相应增多。再次，城居地主所收地租。随着市场经济和城市的发展，农民起义与反抗斗争的增加，地主投资工商业的增加，移居城市的地

主逐渐增多。他们将从农村收取的地租转化成货币，带到城市消费或投资。

最后，金融网与利息。随着城市经济的发展和农民经济的分化，农村资金流向城市，而城市工业发展有限，缺乏容纳资金的场所，大量的资金成为游资。引起农村资金短缺和城市游资充斥，城市利率低，农村利率高，借贷资本从城市流向农村。

随后，这种资本带着利息又流向城市，使农村资金枯竭，利率高，城市资金又以借贷资本形式返回农村，城乡货币流通恶性循环。

第三章

民主科学
——革故鼎新的思想文化文明

清代中叶以后,清代文学急剧滑坡,直到鸦片战争爆发,文学才发生新的变化。从鸦片战争到辛亥革命约七十年间,中国社会处于激烈的动荡之中。这一历史阶段,是封闭的中国社会被迫向世界开放、正面接触以西方为代表的现代资本主义文明的时期。对中国的知识界来说,这种文明既是新鲜的和先进的,又是同殖民主义侵略及民族耻辱感相伴随的。因此,这一时期的文学在黑暗中呼唤光明,呈现出革故鼎新的新局面。

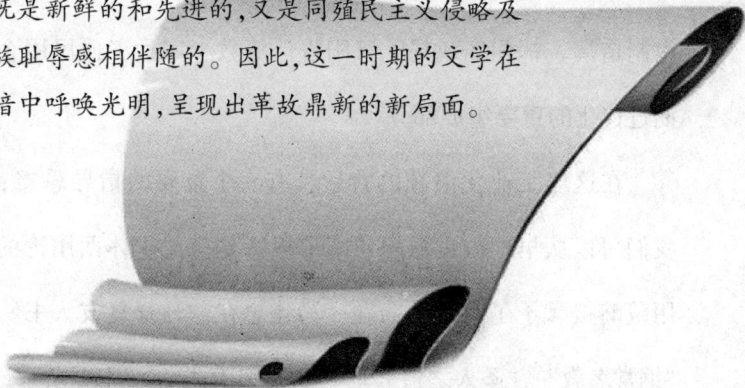

"中体西用" 思想文明

19世纪60年代伊始，中国出现了一种模仿西方工业化模式，以"自强""求富"为目标的"军事—实业"一体化浪潮。这股浪潮是由一批具有近代眼光的洋务派大吏掀起的，史称"同光新政"或"自强新政"。学术界称之为洋务运动。"洋务"又叫"夷务"，概指与西方相交织或具有西化色彩的一系列社会行为，包括政治、经济、外交、军事、教育、思想等全方位的碰撞、效仿、摄取、互动。

咸丰十年（1861年），清政府设立总理各国事务衙门，作为综理洋务的中央机构，任命恭亲王奕䜣、大学士桂良、户部左侍郎文祥为总理衙门大臣。随即设立南洋、北洋通商大臣。1861年，曾国藩在安庆设立内军械所，揭开了洋务运动的序幕。此后，李鸿章、左宗棠、张之洞等人相继设立江南制造局、福州船政局、汉阳铁厂等数十家兵工或民用企业，构成中国早期近代化的重要组成部分。

在这场工业化浪潮的背后，有一个重要的指导思想，即中体西用论。我们可以从早期改良派思想家那里听到有关中体西用论的声音，古老的体用范畴被赋予了时代的命题。马建忠在《马赛复友人书》中认为：中国的"纲常名教""圣人之道"是"本"。王韬强调"本根所系，则在乎孝弟忠信

礼义廉耻""况我之所效西人者，但师其长技而已，于风俗人心固无伤也"。薛福成主张："取西人器数之学，以卫吾尧、舜、禹、汤、文、武、周、孔之道。"邵作舟也持同样观点，"以中国之道，用泰西之器"。

洋务派更是中体西用论的倡导者。李鸿章认为："中国文物制度迥异外洋獉狉之俗，所以郅治保国邦、固丕基于勿坏者，固自有在。必谓转危为安、转弱为强之道，全由于仿习机器，臣亦不存此方隅之见。顾经国之略，有全体有偏端，有本有末，如病方亟，不得不治标，非谓培补修养之方即在是也。"

沈葆桢对体、用之关系有深刻体会，说："盖欲习技艺不能不藉聪明之士，而天下往往愚鲁者尚循规矩，聪明之士非范以中正，必易入奇衺。今日之事，以中国之心思通外国之技巧可也，以外国之习气变中国之性情不可也。"

左宗棠的看法颇耐人寻味，他指出："中国以义理为本，艺事为末，外国以艺事为重，义理为轻。彼此各是其是，两不相喻，姑置弗论可耳。谓执艺事者舍其精，讲义理者必遗其粗，不可也。谓我之长不如外国，藉外国导其先，可也。谓我之长不如外国，计外国擅其能，不可也。"在这里，既有义利合一之论，又有中外体用之别。开明通达如郭嵩焘者，亦有维持纪纲法度之心，"要之国家大计，必先立其本。其见为富强之效者，末也。本者何？纪纲法度、人心风俗是也。无其本而言富强，只益其侵耗而已。贤者于此固当慎之"。

19世纪90年代，内忧日甚，外患日迫。中西文化在军事、政治、经济等各种领域全面交锋。中国人对中西文化关系的思考，也进入了一个新阶段。

这一阶段的最大思想成果，便是中体西用说的正式出现和广为流传。梁启超在《清代学术概论》中称：甲午丧师，举国震动。年少气盛之士，疾首扼腕言"维新变法"，而疆吏若李鸿章、张之洞辈，亦稍稍和之。而其流行语，则有所谓"中学为体，西学为用"者，张之洞最乐道之，而举国以为至言。可见，在开明士绅和洋务派官员中，中体西用论已相当普及，甚至成为全社会的流行语言。

把中体西用的概念说得最为清晰，把中体西用的内涵阐述得最为充分者，莫过于张之洞。在张之洞看来，伦理道德可以置换成经学儒术，道德教谕与伦理感召齐备于传统的仁、义、礼之道。他在《劝学篇·序》中声称"三纲为中国神圣相传之至教，礼政之原本，人禽之大防"。

中国自由主义之父：严复

"自由主义"的传统在西方源远流长，最早可以追溯到古希腊人反对强制与尊重个人选择的自由意识。到了 17 世纪以后，经过英国革命以及洛克等人的提倡，它终于发展成为一种具有广泛影响的世界思潮。在中国近代，首次较全面地介绍与引进西方自由主义的是严复。

在中国近代史上，严复是第一个从价值观念上对西方文化予以高度肯定，并对中国传统思想加以否定的人物。他认为西方不仅在物质文明上远

胜于中国，而且在精神文明上也远胜于中国。西方精神文明集中体现在哪里，他认为，就是它对于"个人自由"的重视。

严复说："故人人各得自由，国国各得自由，第务令毋相侵损而已，而其刑禁章条，要皆为此设耳。"这是指个人自由应采取国家立法的形式予以保障；反过来说，建立法制的目的在于保护个人自由。个人自由在政治关系与法权上的基本含义就是"法律面前人人平等"。也就是在这种意义上，严复将西方的"法治"区分为"有法"与"无法"两个层面。"有法"方面，是指西方规章制度严密，社会上人们都有守法、遵法的习惯，人们按照法律条文和规章制度办事，知道什么事该办，什么事不该办。这是与"人治"相对立的"法治"。

最能体现严复的社会与政治思想的，莫过于他的《辟韩》一文。该文主要内容是批驳韩愈《原道》中"圣人创制"的观点。在严复看来，这完全是替封建君主专制政治辩护的理论。他对此极不赞同。

在对韩愈的君权理论严加驳斥的同时，严复还对中国自秦以后2000多年的封建政治进行了尖锐的揭露和抨击。从这个意义上，严复得出了要使国家强盛，必须予民以自由的结论。他强调人民的自由与国家的自由、民权与国权之间的一致性。

严复提倡建立维护个人自由的法制，在于它可以造成一种民富国强的局面。民富然后才可以国强，这是严复探讨国家富强的一个基本原则。他在讨论国家富强问题时说过如下一句话："夫所谓富强云者，质而言之，不外利民云尔。"这一思想使严复在考虑国家经济改革问题时，很自然会注目于西方放任主义的自由主义经济理论。

在严复看来，亚当·斯密《原富》一书的经济思想不但是导致英国富强

严复雕像

的秘密，而且其中所论多切合于中国。以"自由贸易"政策为例，严复认为，"自由贸易非他，尽其国地利民力二者出货之能，恣贾商之公平为竞，以使物产极于至廉而已"。这种自由贸易政策不仅可以使"物产极于至廉"而有利于民生，而且最终利国也利君，原因在于"盖国之财赋，必供诸民，而供诸民者，必其岁入之利，仰事俯畜之有所余，而将弃之以为盖藏也者。是故君上之利，在使民岁进数均，而备物致用之权力日大"。而要使民富裕，又莫若贸易自由，以俾"凡日用资生怡情瀹智之物，民之得之，其易皆若水火"。反之，凡是与自由贸易经济思想相违背的政策，如"贸易相养之中，意有所偏私，立之禁制"等等之事，其君既必不富，其治也必不隆。故在严复眼里，自由贸易政策实是民富国强的关键。

与贸易自由相联系，亚当·斯密的放任主义经济思想的另一重要内容是反对国家对社会经济活动的随意干预，强调市场经济的自发调节作用。严复对亚当·斯密的这一经济思想极其赞同。总之，无论是在提倡自由贸易，还是反对政府对经济活动的干预上，严复都同亚当·斯密的思想十分接近。

严复的放任主义的经济思想是以其功利主义的伦理观点为依据的。功

利主义，在近代西方为边沁、穆勒等人所提倡。它的基本原则有二：一是视"快乐"为"善"，一是注重实际效果。就前者说，它与注重普遍原则的义务论伦理观相反；就后者说，它与重视动机的伦理学说相反。严复认为，人们纵使在何者为苦、何者为乐的问题上看法会有不同，但终究无法推翻"人道所为，皆背苦而趋乐"这一快乐原则。而按照功利主义的看法，最大的善应是"众乐"而非"自乐"。

然而，不能由此得出结论说，严复在强调"众乐"的同时就取消了"自乐"。事实上，严复伦理思想的根本特色，倒在论证"众乐"与"自乐"之间，也即社会利益与个人利益之间的一致性。在他看来，民主政治的真谛固然在于保障个人自由，而所谓保障个人自由，实质上就是维护每个人生而具有的追求私利的权利，从而达到从效率原则出发，"合天下之私以为公"的目的。

严复一生对西方自由主义宣传最为积极，是关于思想自由与言论自由的观念。由于强调思想自由，他将穆勒的《论自由》一书翻译过来。与他的其他译著相比，这本书是唯一没有加添按语、采取严格直译的译作，这表明了他对穆勒此书观点的很大程度上的赞同。

从以上可以看到，严复的自由主义思想十分丰富，它包括政治理论、经济思想、伦理学说及社会价值观等各个方面的内容。严复介绍和引进的主要是西方近代古典自由主义的思想理论，就其思想的广度和深度说，不仅为他的同时代人所莫及，连后来者也罕有其匹。严复的思想理论不是西方近代自由主义的简单翻版，而是他综合了西方古典自由主义各派理论之后，再结合中国近代社会历史条件进行的一种创造。严复的自由主义思想在中国近现代的思想舞台上产生了持续而深远的影响。20 世纪中国的自由

主义思想家们尽管仍会从西方引进各种自由主义的思想理论，但无一能绕过严复的思想。在这种意义上说，严复堪称"中国自由主义之父"。

新文化运动与毛泽东思想

五四运动的意义并未停留在文化层面，它构成了中国政治由旧民主主义革命时期转向新民主主义革命时期的界标。五四运动推动了新文化运动的向前发展，加速了马克思主义在中国的传播，并由此对中国近代历史的走向产生了重大影响。

中国人最早见到马克思的名字，是 1899 年《万国公报》发表的李提摩太的文章，文中提及马克思及其《资本论》，称"其百工领袖著名者，英人马克思也"。1903 年，梁启超在《二十世纪之巨灵托拉斯》中，提到"社会主义之鼻祖"马克思。1905 年，资产阶级思想家朱执信在《民报》发表《德意志革命家小传》，集中介绍了马克思、恩格斯的生平及学说。这些零星的介绍并未产生实际的社会影响。

五四运动前后，新文化运动的浪潮冲决了传统文化的藩篱，涌现了新一代初具共产主义觉悟的平民知识阶层。1917 年俄国十月革命的胜利，为马克思主义在中国的传播创造了历史契机。1918 年，李大钊发表《法俄革命之比较观》《庶民的胜利》诸文，热情讴歌十月革命。

1919 年 5 月，《新青年》出版"马克思研究专号"，刊发李大钊《我的马克思主义观》，全面介绍了马克思主义的唯物史观、阶级斗争学说和经济思想。紧接着，新文化运动的主将陈独秀迅速转向马克思主义。他于 1920年发表《谈政治》一文，用马克思主义的观点谈论阶级压迫问题。与此同时，李达、李汉俊等人也在传播马克思主义方面做了大量工作。1920 年，陈道望翻译的第一个中文全译本《共产党宣言》在上海出版。同年，瞿秋白担任北京《晨报》驻莫斯科特派记者，他发回的《共产主义之人间化》《全俄共产党第十一次代表大会》等报道，在当时有着广泛影响。

科学精神的高扬，是新文化运动的另一标志。北京大学不仅是新文化运动的堡垒，而且是科学精神的摇篮。1917 年，杰出的民主主义教育家蔡元培出任北京大学校长，强调"对于学说，仿世界各大学通例，循'思想自由'原则，取兼容并包主义"，开创了北京大学一代科学学风。

实证的科学方法日益成为学术研究的工具，胡适将科学方法总结为"大胆假设，小心求证"，并提倡用科学方法整理国故，认为"新思潮对于旧文化的态度，在消极的一方面是反对盲从，是反对调和；在积极一方面，是用科学的方法来做整理的工夫"。他考证古代小说，成绩斐然。尤其是研究《红楼梦》，于 1921 年写成《红楼梦考证》，得出该书"是曹雪芹的自叙传"的结论，令学界轰动，由此开启了"新红学"的门径。

胡适以"疑古的精神"整理中国古史，他的《中国哲学史大纲》以"证明的方法、扼要的手段、平等的眼光、系统的研究"（蔡元培语）成为 20世纪中国哲学史研究的经典。受胡适的影响，北大学生顾颉刚由辨伪书进而辨伪史，提出著名的"层累地造成的古史观"。此说一举推翻了千百年来人们确信无疑的古史系统，并形成史学研究的"古史辨"派。

另一位身体力行科学精神的学术大师是王国维。他以近代西方实证科学方法"证史"，充分利用新发掘的资料，如殷墟甲骨文、敦煌文书等，将它们与古器物、古文献资料相互印证，写出了《殷卜辞中所见先公先王考》《殷周制度论》等史学名著。王国维的"二重证据法"，开创了现代史学研究的新天地。

新文化运动还推动了自然科学的研究。早在1914年，留学美国的任鸿隽、赵元任、杨杏佛、茅以升等人发起组织"中国科学社"，有各类专门人才70人。1918年，中国科学社总部迁回国内，会员猛增到604人。许多著名学者如李四光、竺可桢、茅以升等学成归国，怀抱科学救国的理想，取得了令世人瞩目的成就。

"五四"之后，毛泽东创办《湘江评论》，周恩来创办《觉悟》，积极宣传马克思的学说。马克思主义在中国传播的理论上的重要结晶，就是孕育了毛泽东思想。这是中国共产党人把马克思主义的普遍真理与中国革命的具体实践相结合的产物，是中国共产党人的集体智慧的结晶。毛泽东思想的形成史，呈现了马克思主义中国化的发展历程。

1981年，中国共产党中央委员会《关于建国以来党的若干历史问题的决议》指出："同中国共产党被公认为全国各族人民的领导核心一样，毛泽东同志被公认为中国共产党和中国各族人民的伟大领袖，在党和人民集体奋斗中产生的毛泽东思想被公认为党的指导思想，这是中华人民共和国建国以前二十八年历史发展的必然结果。"

大体上，20世纪20年代早期和中期，是毛泽东思想的萌芽时期。1925年，毛泽东发表《中国社会各阶级的分析》，指明了中国民主革命的对象、动力和前途。20年代后期到30年代中期，是毛泽东思想产生的时期。毛泽

东总结井冈山的斗争经验，发表《中国的红色政权为什么能够存在》《井冈山的斗争》《星星之火，可以燎原》等文章，探索中国革命的正确道路。

30 年代后期到 40 年代中期，是毛泽东思想的成熟时期。毛泽东发表《中国革命战争的战略问题》《中国共产党在抗日时期的任务》《实践论》《矛盾论》《论持久战》《中国共产党在民族战争中的地位》《中国革命和中国共产党》《新民主主义论》等一系列论著，全面、深刻地论述了具有中国特色的新民主主义革命理论。

1942 年开始，整风运动在全党展开，主要内容是反对主观主义以整顿学风、反对宗派主义以整顿党风、反对党八股以整顿文风。为此，毛泽东发表了《改造我们的学习》《整顿党的作风》《反对党八股》《学习与时局》等著名讲演。通过延安整风这样一场马克思主义的大学习、大宣传、大普及运动，全党的理论水平出现了质的飞跃。在这样的背景下，1943 年，王稼祥首先提出了"毛泽东思想"这一概念，明确指出"毛泽东思想就是中国的马克思列宁主义，中国的布尔什维主义，中国的共产主义"。

1945 年在中国共产党第七次全国代表大会上，刘少奇在关于修改党章的报告中阐述了毛泽东思想。他指出："毛泽东思想，就是马克思列宁主义的理论与中国革命的实践之统一的思想，就是中国的共产主义，中国的马克思主义。"又说："毛泽东思想，就是马克思主义在目前时代的殖民地、半殖民地、半封建国家民族民主革命中的继续发展，就是马克思主义民族化的优秀典型。"在"七大"通过的新党章中，毛泽东思想首次被确立为全党的指导思想。

反旧倡新 "新文化"

辛亥革命以后，随着新文化运动的兴起，出现了一场比以往更为深广的关于中西文化问题的论争。袁世凯窃取了辛亥革命的果实后，实行专制独裁统治，搞帝制复辟活动。因此，他公开命令尊孔读经，企图在"保存国粹"的幌子下，加强对人民的思想控制。前清的一批遗老遗少、守旧文人墨客趁机活跃起来，掀起了一股尊孔复古的逆流。

从1912年起，各地纷纷成立各种名目的尊孔复古组织，其中影响最大的是康有为的孔教会。康有为俨然以当代孔圣人自居，对辛亥革命后废除尊孔读经深表不满。康有为及孔教会还掀起请愿活动，要求中国当"以孔教为国教""编入宪法"。在康有为主办的《不忍》杂志（1913年2月创办）上，连篇累牍地攻击共和制，鼓吹非孔教、非复辟不能救中国。

针对尊孔复古的逆流，资产阶级、小资产阶级知识分子在思想文化领域里发动了一场新的斗争。1915年9月，陈独秀创办《青年杂志》（后改称《新青年》），举起科学和民主两面大旗，向腐朽的封建思想文化展开了猛烈的冲击。先进的知识分子表现出了宏伟的气魄，他们所要解决的问题不仅是文化，而是要救国，要"再造中华"。他们发动新文化运动，正是由专制复辟的社会政治现实引发出来的，从政治到文化，由文化到解决政治。

"这腐旧思想布满国中，所以我们要诚心巩固共和国体，非得将这班反对共和的伦理文学等旧思想，完全洗刷得干干净净不可。否则不但共和政治不能进行，就是这块共和招牌，也是挂不住的。"所以，新文化运动的倡导者们对泛滥于思想文化领域的封建复古思潮进行了深入的批判，从而把中西文化问题的论争推向一个新的阶段。

从总体上说，新文化运动所针对的问题的焦点是孔教及其纲常名教。新文化运动的倡导者和参加者，如陈独秀、李大钊、吴虞、鲁迅、易白沙等人，都撰文给予抨击。他们的主要论点，归纳起来，大致有以下几点：

第一，以进化论的观点来阐明孔子之道不适应于现代社会生活，不能编入宪法，不能定为国教。

第二，以民权、平等思想来揭示维护专制制度的孔教与之背道而驰，反对将孔教定入宪法。

第三，集中批判封建纲常名教，认为孔教的精神是礼教，是别尊卑明贵贱的阶级制度，"儒者以纲常立教，为人子为人妻者，既失个人之独立人格，复无个人之独立财产"，完全成为附属品。

需要指出，新文化运动的倡导者对孔子及其学说并没有完全否定。陈独秀明确表示，"反对孔教，并不是反对孔子个人，也不是说他在古代社会无价值"，孔学是"当时社会之名产"，"使其于当时社会无价值，当然不能发生且流传至于今日"。之所以"不满于儒家者，以其分别男女尊卑过甚，不合于现代社会之生活"。

新文化运动的另一个重要内容是"文学革命"，即提倡白话文，反对文言文，提倡新文学，反对旧文学。关于旧文学，陈独秀等人反对旧文学中不适用的部分，对小说、戏曲则很重视，并提高其地位。

新文化运动的发展，引起了一些守旧派和封建文化卫护者的反对，对它进行攻击。刘师培等于1919年1月组织《国故》月刊社，鼓吹以"昌明中国固有之学术为宗旨"，反对新文化运动。林纾（琴南）也在《申报》发表影射小说《荆生》《妖梦》，攻击陈独秀、钱玄同、胡适等人，煽动军阀以强力压制新文化运动。同时又在《公言报》发表《致蔡鹤卿（元培）太史书》，攻击新文化运动是"覆孔孟，铲伦常""尽废古书，行用土语为文字"，是"叛亲蔑伦""人头畜鸣"。蔡元培公开发表《致〈公言报〉函并附答林琴南君函》，强调了"循思想自由原则，取兼容并包主义"，有力地维护了新文化运动。

新文化运动倡导者和参加者在与康有为、林纾等人的论争中，同时又与杜亚泉等人进行了论争。从1916年起，《东方杂志》的主编杜亚泉，以"伧父"为笔名，连续发表文章抨击新文化运动，与陈独秀等人进行论战。他认为中国文明是"静的文明"，西方文明是"动的文明"，而"动的文明"要"以静为基础"。"西洋文明与吾国固有之文明，乃性质之异，而非程度之差；而吾国固有之文明，正是以救西洋文明之弊，济西洋文明之穷。"他指责新思想、新文化自西方输入，"直与猩红热、梅毒等之输入无异"，破坏了以儒家思想为举国上下衡量是非的统一标准，造成"人心迷乱""国是丧失""精神破产"。要结束这种"混乱的局面"，只有以儒家思想来加以"统整"。不难看出，杜亚泉对中西文化的主张是保守的，实质上仍然是"中体西用"论在新的历史条件下的再现。

杜亚泉对新文化运动的抨击，在知识界产生颇大的影响，因而不能不引起陈独秀、李大钊等人的重视，并给予认真的反驳。1918年，李大钊发表了《东西文明根本之异点》一文。他和杜亚泉一样，也将中西文化的特性

概括为"静的文明"和"动的文明",这是不科学的。但是,李大钊不同于杜亚泉,他反复指出西方文明比东方文明"实居优越之域",批评如杜亚泉等人那种只会指责"西方物质文明之疲穷,不自认东洋精神文明之颓废"的虚骄心理,主张应当下决心"竭力以受西洋文明之特长,济吾静止文明之穷"。陈独秀更是严厉地批评杜亚泉所谓输入西方文明引起"精神破产""人心迷乱"的论调,指出:文艺复兴以后的欧洲文明,显然已胜过中国文明,不输入欧洲文化,固有的文明能保民族竞存于20世纪吗?在共和政体之下,提倡保存"国是",当作何解?"谓之迷乱,谓之谋叛共和民国,不亦宜乎"。

在这场中西文化问题的论争中,新文化运动倡导者宣传新思想、新文化,批判旧思想、旧文化,主流无疑是正确的,体现了中国社会历史发展的方向。这场运动在政治和思想文化上给封建主义以空前的沉重打击,破除了封建教条对人们思想的束缚,对中国人民,特别是知识青年的觉醒起了巨大作用。这是在新的历史条件下又一次思想解放的潮流,它促使人们更迫切追求救国救民的真理,为马克思主义在中国传播创造了有利的条件。而保守派则站在它的对立面加以反对,鼓吹尊孔读经,维护儒家的文化传统,这从根本上说是错误的,是逆潮流而动的。

中西文化问题是近代中国社会出现的一个重要问题,它受到各派人士的关注。对于这个问题的争论连续不断,可以说伴随着整个近代的历史进程,反映了近代历史的发展变化。在"五四"运动以前,中西文化问题的论争实质上是资产阶级新文化反对封建主义旧文化的斗争,是如何对待中国固有文化和西方文化,建设中国近代文化的问题。在争论过程中,人们的认识逐步深化,但问题并没有解决。"五四"运动后,中西文化问题的争论

更广泛地展开。

知识链接

文学改良运动

近代中国文学出现重大的革新和变动，是在 19 世纪末 20 世纪初。戊戌变法前后，中国资产阶级掀起近代第一次思想解放的潮流，掀起救亡图强的政治改良运动，掀起向西方寻求救国救民真理的又一浪潮。配合政治上维新变法的需要，资产阶级维新派提出文学改革的主张，要求实现从内容到形式的革新，发挥文学的社会教育作用，于是出现了文学改良运动。

学贯中西：胡适

胡适是中国近代著名学者，新文化运动的领导人之一，他以他的作为及著述在中国近代史上产生了巨大的影响。

1891 年，胡适出生于安徽绩溪一个官僚地主的家庭里，5 岁时父亲去世，由寡母抚育，在家乡读私塾。1904 年，胡适离开家乡到上海读书，开始接触到西方科学及文化知识，并受到梁启超学术思想的影响。

1910 年，胡适赴美留学，先在康乃尔大学获学士学位，后转入哥伦比亚大学，师从实用主义哲学大师杜威，笃受其影响而至终生。在美期间，

他深入研究过美国的政治、社会经济等各个方面，形成了以民主、自由、科学、人道为核心的民主主义世界观。

胡适学成归国后，被聘为北京大学教授。1917年，参与《新青年》的编辑工作，提倡白话文和"文学改良"，随后发表了《文学改良刍议》一文，极大地冲击了中国传统的文学观念。次年，他提出"人的文学"及写实主义的主张，1920年发表了第一部白话诗集《尝试集》，接着出版了《红楼梦考证》。这两部作品在中国文学史都有开创意义，对中国近代文学影响深远。

五四运动爆发后，胡适提出改良主义的政治观，反对广泛传播的马克思主义，他主张"多研究些问题，少谈些主义"。随后，他的思想倾向国民党，1929年，他提出"全盘西化"的政治主张，主张建立民主政府。建立资产阶级的民主政治，是胡适毕生的政治追求。

在学术研究上，胡适主张用实用主义方法整理和评价中国古代文化，并把这一思想概括为"大胆假设，小心求证"。他将现代文化意识和现代哲学、文学、史学观念引入哲学、文学、历史、宗教研究领域，写出中国第一部哲学史、第一部白话文学史、第一部禅宗史及大量的古典小说考证文章，尤其是他的《红楼梦》研究更开一代"新红学"之风。他对传统文化的整理和重构在中国近现代的文化史、学术史上，有着承前启后、继往开来的意义，并使他毫不逊色地成为中国现代学术史、中国现代文学史上的奠基人之一。

抗日战争爆发后，胡适出任国民党政府驻美大使，奔走于欧美诸国，为争取各国对中国的支持不遗余力。1946年，胡适出任北京大学校长。1949年，他赴美定居。1958年任台湾"中央研究院"院长，直到1962年去世。

胡适旧学邃密，深染孔孟之道，新知渊博，西学造诣济深，堪称学贯中西的一位学人。他一生著述宏富，主要作品有《中国哲学史大纲》《胡适文存》等。

文学巨人：鲁迅

鲁迅出生于没落的旧官僚家庭，他聪明好学，兴趣广泛。少年时，除了在绍兴三味书屋读过四书五经外，他对具有优秀传统的民间艺术，像戏剧、传说故事等都颇为喜爱。1898年春，17岁的鲁迅考入南京江南水师学堂学习，几个月后，转到江南陆师学堂的路矿学堂学习。1902年4月，鲁迅以优异成绩毕业于路矿学堂，获得了官费留学日本的机会。

到日本后，鲁迅首先选择学医，但发生在仙台医学专科学校的"幻灯片事件"，使鲁迅感到"中国人的病不在身体上，而在精神上"。他果断做出弃医从文的决定，离开仙台，来到东京。鲁迅的选择影响了他的一生，也影响了中国现代文学史的格局和进程。

1909年8月，鲁迅从日本回国，先后应邀在杭州的浙江两级师范学堂和绍兴府中学堂执教，还曾应蔡元培之请在教育部任职。1918年，鲁迅在《新青年》发表了中国现代第一篇白话小说《狂人日记》。小说通过对"狂人"的心理描绘，形象地揭露和控诉了中国几千年"吃人"的历史，堪称

五四运动中反封建的最强音。

从此，鲁迅一发而不可收，以揭露封建社会黑暗、封建礼教吃人为主题的作品接二连三地问世，《孔乙己》《药》《一件小事》《故乡》《阿Q正传》等相继发表。在《孔乙己》中，鲁迅成功地塑造了一个受科举考试制度毒害而沦落的读书人的形象；《阿Q正传》通过阿Q这样

鲁迅像

一个生动不朽的典型形象，深刻地揭示了辛亥革命必然失败的原因，反映了处于长期封建统治下的农村社会的劣根性和下层农民的愚昧现状。

1923年9月，鲁迅出版了小说集《呐喊》，将《狂人日记》《药》和《阿Q正传》等14篇短篇小说收入其中。三年后，鲁迅又出版了《彷徨》，收有《祝福》等11个短篇。

除了小说外，鲁迅也写了大量散文、散文诗以及杂文，如《朝花夕拾》《野草》等。作为一个学者，他还研究中国古代文化，撰写了极具见地和极高史料价值的《中国小说史略》。

1927年10月，鲁迅先后主编了《语丝》《奔流》和《朝花》等文艺刊物。在阅读并翻译马克思主义文艺理论书籍的过程中，鲁迅的思想发生了

很大的变化，他明确地肯定了文化起源于劳动，人民群众是文化的创造者。

1930年初，鲁迅参加了中国共产党领导的秘密政治团体"中国自由运动大同盟"，发表著名的讲话《对于左翼作家联盟的意见》，成为"中国左翼作家联盟"事实上的盟主。1931年2月，柔石等"左联"五烈士被害，鲁迅怀着悲愤的心情写下了《黑暗中国的文艺界现状》《中国无产阶级革命文学和前驱的血》，针锋相对而又巧妙地同国民党当局对革命文化的疯狂"围剿"进行不屈的斗争。

在鲁迅的作品中，随处可见他的战斗精神以及他对中国黑暗社会的种种丑恶现象无情的批判，他作品的思想性和艺术性均达到了炉火纯青的境界。

1936年10月19日，鲁迅逝世。上万人自发地为鲁迅先生举行了庄严隆重的葬礼。在棺盖上，民众代表为他覆上了"民族魂"的大旗。鲁迅被后人称为"文学巨人"，他的一生，就是以文学为武器，用锋利的笔触揭示旧中国的丑陋，启悟中国人学会认识自己与认识世界。他的作品，激荡着无数中国人的心灵。

文化旗手：李大钊

李大钊，字守常。他早年留学日本，进入早稻田大学学习法律和经济。在日本期间，他开始学习和研究马克思主义。1916年回国后，李大钊先后担任《新青年》《少年中国》《每周评论》等刊物的编辑。1918年，他被聘为北京大学图书馆主任。1920年，他发起组织马克思主义学说研究会。李大钊参与了筹建中国共产党的工作，领导了北京地区党组织的革命活动。他的论著有《史学要论》和《我的马克思主义观》等，多收入后来出版的《李大钊文集》。

李大钊小时候父母双亡，由祖父李如珍抚养长大。祖父在李大钊3岁的时候就开始教他认字。李大钊聪明伶俐，又爱学习，5岁时便会背诵《三字经》《百家姓》《千字文》。儿时的李大钊不仅会背书，还喜欢看人家门上贴的春联。有的时候，他还挤在大人堆里看那些贴在墙上的文告。有一次，村口贴了一张"安民告示"，人们觉得挺新鲜，都挤在那里看，但大多数人都是文盲，只是凑热闹而已，文告上写的是什么一概不知。这时年仅6岁的李大钊当着众人的面，一字一句地把文告念了出来。在场的人无不对他刮

目相看，都夸他是个小神童。

李大钊面对别人的夸奖，一点都没有得意忘形。他7岁时正式入学，入学后珍惜一点一滴的时间，努力学习。有一天，祖父有事出门，把李大钊一个人留在书房里读书。当时正值阳春三月，天气和暖，一群小鸟在书房外面的枣树上嬉戏，叽叽喳喳地叫个不停。李大钊却在房子里安安静静地读书写字，没有受到一丝干扰，好像外面什么也没有发生似的。快晌午了，祖父还没有回来。李大钊觉得有些累了，便到姑妈那里，去帮她干点儿力所能及的小活计。不一会儿，姑妈要李大钊到院子里去玩，歇歇脑子。李大钊却笑着说："我帮姑妈干活，不就让脑子休息了嘛，这跟到院子里玩是一样的。"祖父回家后，听姑妈说起刚才的事，很是高兴。他说："大钊这孩子这么小就能管住自己，真不简单，将来肯定会干一番大事业，让人刮目相看的。"

李大钊勤奋好学，知识增长得很快。从7岁起，李大钊相继跟好几位先生读书学习过，因为过一段时间之后，原来的先生便教不了他更多的东西。11岁那年，他开始跟黄玉堂老先生读书。那时候满清政府已经是穷途末路，更加腐败无能，西方列强加紧入侵中国。不久，八国联军攻入北京城，大肆烧杀劫掠。帝国主义侵略势力逐渐渗透到了李大钊的家乡。李大钊亲眼目睹了侵略者欺侮中国人民的恶行，特别痛恨那帮强盗。有一次，他听黄玉堂老先生讲太平天国起义的故事，非常钦佩洪秀全、杨秀清等英雄人物，没等先生把故事讲完，便大声说道："我要学洪秀全，推翻清朝的皇帝！"一时间，黄先生吓得脸色苍白，忙不迭地用手捂住李大钊的嘴，生怕张扬出去惹出乱子。

自此，黄老先生深知李大钊有救国救民的鸿鹄之志，便暗中鼓励他好好学习新知识，准备日后为国出力。几年之后，李大钊考进清政府办的北洋

法政学校，走出家乡，去寻求救国救民之路。后来，他终于找到马克思主义真理，担负起了宣传和推动共产主义事业的伟大历史使命。

李大钊是中华大地上第一个举起社会主义大旗的人。1918年，他在《新青年》上发表了《法俄革命之比较》《庶民的胜利》和《布尔什维主义的胜利》等著名文章。他在这些文章中大力宣传了俄国的十月革命，讴歌了社会主义革命的伟大。他热情地号召中国人民向俄国学习，呼吁革命者关注劳工的命运。1919年，李大钊在《新青年》上开辟了《马克思主义研究专号》，刊登了一系列宣传马克思主义的文章。其中包括他亲自撰写的《我的马克思主义观》，该文是李大钊成为马克思主义者的标志。

曾朴与《孽海花》

曾朴（1872—1935），字太朴，笔名东亚病夫，江苏常熟人。出身于封建知识分子家庭。幼年喜好文学，喜读名家小说、杂集。少年时期就和张隐南、胡君修交游。1892年写成《补后汉书艺文志》一卷、《考证》十卷。1895年入同文馆学习法文。后在陈季同的帮助下专心致志于法国文学的研究。1904年在上海创办小说林书店，出版创作、翻译的小说，并写成《孽海花》前十卷。1907年出版《小说林》月刊。

曾朴写《孽海花》的目的是要借妓女傅彩云（即赛金花）和清末状元金

雯青的爱情故事为线索，描写自中法战争、中日战争以来政治、外交与社会的变革，给读者展示一幅晚清中国上层社会的图画。作者说，他要"借用主人公作全书的线索，尽量容纳近三十年来之历史"。这就使得《孽海花》在比较广阔的历史背景上，比其他谴责小说更为深刻地反映清末的社会现实。

《孽海花》所表现的思想比当时其他著名小说都要进步、激烈些，具有鲜明的民主主义倾向。他指出科举制度是历代专制帝王束缚知识分子最毒辣的手段。该书对西太后、李鸿章等人的腐朽凶残和卖国面目有所刻画；对以孙中山为代表的资产阶级革命派表示同情和赞扬；也赞同明亡以后的秘密会社，对当时黑暗的政治和腐朽的官僚生活，分析批判得比较深刻。这部小说对封建最高统治者和封建专制政体进行勇敢的批判，揭露帝国主义的侵略野心，表达强烈的爱国主义思想，主张识洋务，引进西学，认清世界大势，寻求国家富强之道。

小说还揭露宫廷内帝后之间的争权夺利、勾心斗角，对官场的黑暗腐败有所披露。小说特别描写官僚名士的腐朽生活，对其丑恶行为进行讽刺和批判。小说从政治、军事、外交、文化方面展现广阔的社会画面，把人物放在错综复杂的国际环境中来表现，给我国小说带来了新的风貌。小说的语言比较生动，结构比较完整，全书以傅彩云和金雯青为中心，把复杂的历史事件和众多的历史人物连缀编织在一起，让故事情节回旋穿珠似地向前发展。鲁迅说它"结构工巧，文采斐然"。

小说运用讽刺手法，擅长刻画作态的名士，还吸取西方文学的一些表现技法，在叙事和写人方面展示新的特点。如书中注意人物环境和内心的描写，注意伏笔和暗示手法的运用，以便让事实真相和人物面貌逐步显现。总之，从思想性、艺术性看，《孽海花》比李伯元的《官场现形记》、吴沃

尧的《二十年目睹之怪现状》略胜一筹，是晚清时期影响最大、最杰出的一部小说，鲁迅在《中国小说史略》中把它列为晚清四大谴责小说之一。

知识链接

《官场现形记》

《官场现形记》的作者是李伯元，全书分为五编，每编 12 回，共 60 回。作者虽曾宣称，预定计划写十编，已写成的五编只是"上半部"，事实上，他说"后半部是教导他们做官的法子"，这个"法子"是无从着笔的。60 回未完成，作者就病逝了，所以 60 回即全部，不是上半部。《官场现形记》是那个时期最著名最有代表性的"谴责小说"。这部小说集中地暴露了封建社会崩溃时期统治机构内部的腐朽情况。

吴沃尧： 《二十年目睹之怪现状》

吴沃尧（1866—1910），字茧人，广东南海人。出身于官僚家庭。十七八岁去上海，常为报纸撰写小品文章，还主编过多种小报。戊戌变法后，1902 年曾应《汉口日报》之聘任编辑。同年 12 月，梁启超在日本横滨创刊《新小说》杂志，他游学日本并应约开始写长篇小说，先后发表《痛史》

《九命奇冤》。

1905 年春任汉口《楚报》中文版（美国人办）编辑，因国内掀起反对美国虐待华工运动，愤然辞职回上海参加爱国运动。他在上海，为《绣像小说》写《瞎骗奇闻》。1906 年和周桂笙等创办《月月小说》，自任主笔，发表长篇小说《劫余灰》《发财秘诀》《两晋演义》等。1907 年写成《二十年目睹之怪现状》。

他一生所写小说有 30 多种，如反映鸦片战争的《黑籍冤魂》、反映义和团和八国联军的《恨海》、反映立宪运动的《立宪万岁》等，最著名的代表作要算《二十年目睹之怪现状》《痛史》和《恨海》。

《二十年目睹之怪现状》，100 回，50 万字，曾发表在《时务报》上。这部小说通过主人公"我"即"九死一生"做官、经商的经历，揭露从清朝的中央政府到省、道、府、县各级官吏、衙门的腐朽黑暗。作者抨击的对象，除官僚之外，兼及商人和文士，而对冒充风雅才子的丑态，尤其写得淋漓尽致。他说，20 多年中所遇见的人不外三类："一是蛇虫鼠蚁，二是豺狼虎豹，三是魑魅魍魉。"由于憎恶极深，所以用笔有点夸大，但全书的结构却是比较紧凑的。

《二十年目睹之怪现状》主要内容写的是中法战争前后到 1904 年这 20 多年里封建专制制度的腐朽和社会的黑暗。作者把一切黑暗和丑恶的现象（189 件），统称为"怪现状"，表明他已经很难理解这个世界。结束赞语说："悲欢离合廿年事，隆替兴亡一梦中。"

这部小说的一个特色，是鲜明地把"做官"和"经商"对立起来，写官场不是人干的，而商场尽管也有"怪现状"，还是比官场干净。已入官场而坚决要出来的吴继之，未入官场而坚决不愿进去的"九死一生"，都有一条

似乎很值得骄傲的道路可走。这道路不是《儒林外史》所指的做隐士，也不是《红楼梦》所指的做和尚，而是去"经商"。这正代表了通过经商的途径向资产阶级转化的那些人的愿望，这一社会力量正是改良思潮的阶级基础。这在我国封建社会的文学作品中，还是第一次出现。

商品经济的发展，刺激着统治者对金钱贪得无厌的追求，大小官员在朝不保夕的垂危处境中，除了抓紧每一个机会最大量地攫取金钱财物而外，什么也不关心。上自老佛爷、王爷、中堂、尚书、督抚，下至宫廷里的大小太监、官僚的幕客、差役、姨太太、小姐、丫环、仆妇，全都撕下了假面具，赤裸裸地当强盗、骗子、小偷，当乌龟王八、娼妇，只要能够弄到钱，只要能够取得更高的地位去弄更多的钱。而这种追求金钱的狂热，归根到底，就是对人民的敲骨吸髓的榨取，就是国家主权、土地、资源的大拍卖。

此外，还有各种各样的社会寄生虫：赌棍、买办、讼师、江湖劣医、人口贩子、外国冒险家……都是直接、间接地依附侵略者、统治者，相互勾结，相互竞争，一起来吸吮人民的血汗。

在作者眼里，只看到这些怪现状，只看到那三类人为害人民，污浊社会，摧残国力，但是看不见人民的力量。当时的人民，并非不声不响地听凭那些东西吸血，而是正燃起熊熊的怒火。作者看不到这一点，就使作品沉溺于"怪现状"的演述中，而缺乏击中要害的批判力量。

知识链接

《文明小史》

作者李宝嘉（1867—1907），字伯元，号南亭亭长，江苏武进人。《文

明小史》1900年出版，60回。小说广泛地反映清末维新运动中的形形色色，讽刺封建知识分子对"文明"的误解，揭露外国传教士的横行霸道，特别鞭挞了对洋人屈服献媚、对人民残酷压榨的统治阶级。虽然书中不免有夸张失实之处，但确实能在一定程度上体现新与旧的冲突与转变。《文明小史》以辛辣的笔触，讽刺了百日维新期间官僚的媚外、新党的投机或阳奉阴违，以及他们跟横行敲诈的洋人一块压榨百姓的恶行。

扩展阅读　刘鹗与甲骨文

在清末众多的小说中，有一本篇幅虽然不长，意趣却很渊厚、文字也很生动的小说，曾经发生过一定的影响，颇受读者的欢迎。这小说便是《老残游记》。

《老残游记》的作者，叫刘鹗，字铁云。他是江苏丹徒人，少精算学，后到上海行医，不久又做买卖。光绪十四年（1888年），因修黄河有功，被委以知府任用。在北京时，刘鹗上书朝廷，力言应修铁路、开矿山、兴实业、救垂亡，遭到了守旧派官僚的怨恨。宣统二年（1910年），他被发配新疆而死。

刘鹗在文化上的主要贡献，不在于写了《老残游记》，而在于收录甲骨文、研究甲骨文。他是中国历史上第一个把甲骨文收录成书、也断定它是殷

人文字的人。

光绪二十五年（1899年）以前很长一段时期，人们把河南安阳西北五里的小屯村一带地里翻出的、上面刻有文字（有的字里还涂着黑墨或朱砂）的龟甲或兽骨，只是当作中药"龙骨"售用。村里还有个剃头匠叫李成的，一生都以购售"龙骨"为业：庙会时摆摊卖（将骨磨成细粉，名之为"刀尖药"，医治外伤）；平时也成批地卖给中药铺，每斤才卖六文钱。年复一年，大批的"龙骨"自然也就散发到了北京。

光绪二十五年（1899年），有个精于铜器铭文的京官（山东福山人）叫王懿荣的，得了疟疾，药单上有一味龙骨，就派人到宣武门外菜市口乐家老药铺去买。买回一看，这"龙骨"上竟有篆字，王于是大为惊讶，马上将药铺里所有字迹较清晰的"龙骨"全买下来。这个偶然的机会，使王懿荣成了中国历史上第一个搜集和研究甲骨文的人。王懿荣既已发现这是宝贝，便不惜以每片二两银子的价钱，进一步从山东潍县商人范维卿和赵执斋手里大量购买，到他在第二年秋天死去以前，一共买到了一千四五百片。

王懿荣死后，所藏甲骨文片，小部分赠给天津新书学院，其余一千多片，他的儿子王翰甫为了还债，都在光绪二十八年（1902年）卖给了刘鹗。刘鹗又从方若的手里买了三百多片，还打发赵执斋跑遍山东、河北、河南广为采购，又买了三千多片。但他还不满足，又叫三儿子刘大绅到河南买回千余片。这样，刘鹗前后买到的，不下5000片，这使他成了当时甲骨文片的最大收藏家。光绪二十九年（1903年），他更将选出的1058片拓了，汇成为《铁云藏龟》一书（共六册）。甲骨文片轻脆易碎，刘鹗首先把它们汇集成书，实在是一种不朽的事业，他的功劳是不朽的。

第四章

兼容并包
——建立教育文明新秩序

随着清朝统治的衰落和西方文化的渗透，旧的教育体制已经不能满足近代社会的历史要求，在这一背景下，新的教育体制正式登上了历史舞台。新型学校拔地而起，成为培养新时代人才的摇篮。与此同时，一大批新思想的教育家也为教育事业做出了划时代的杰出贡献。

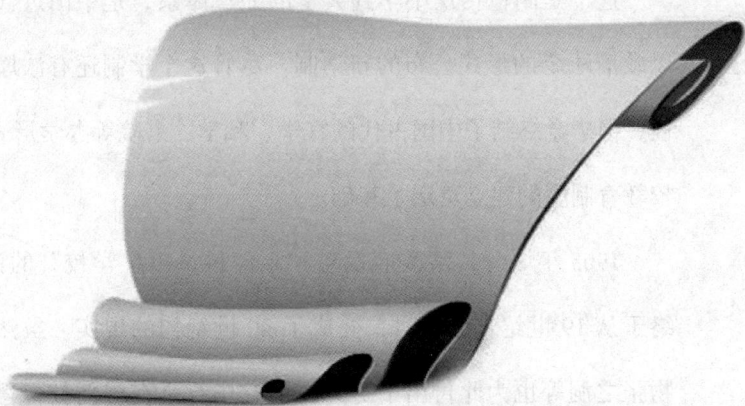

近代教育学的诞生

近代教育学的诞生，在维新教育时期有几个重要的标志。一是进行了两次重大的教育改革。在戊戌维新流产后不到三年，清政府迫于形势进行了自上而下的教育改革。1901年1月，光绪宣布实施"新政"，在教育方面的内容主要是颁布学制、废除科举和宣布教育宗旨。

1901年8月，清政府颁布《兴学诏书》，把各地书院一律改为学堂；1902年，清政府颁布了《钦定学堂章程》（《壬寅学制》），但未及实行；1903年，由张百熙、张之洞和荣庆依据日本学制，对《壬寅学制》进行了修订，于1904年1月13日由清政府作为《奏定学堂章程》（《癸卯学制》）公布实行。

这个学制包括从小学到大学的完整体系，是中国近代教育史上第一个以政府法令的形式公布的新学制。尽管这个学制还有浓厚的封建性、买办性，但毕竟终结了中国古代的官学、私学、书院等办学形式，为中国近代学校教育制度的建立奠定了基础。

1905年8月，清政府发布"立停科举以广学校"的谕令，"废科举"终于从19世纪末的口号，变成了20世纪初的现实。虽然洋务派的代表人物张之洞等也为此付出了努力，但它毕竟是在维新教育思潮的影响下，并

且在维新时期最终完成的事业。"废科举"可以视为中国封建教育体制崩溃的象征。

在教育宗旨方面，1904年的《奏定学堂章程》首次提出："至于立学宗旨，无论何等学堂，均以忠孝为本，以中国经史之学为基。俾学生心术一归于纯正，而后以西学瀹其智识，练其艺能，务期他日成材，各适实用，以仰副国家造就通才、慎防流弊之意。"1906年，清政府成立了中央教育行政机关"学部"后，又拟定了更为简明的"忠君、尊孔、尚公、尚武、尚实"的教育宗旨，并在《奏请宣示教育宗旨折》中解释说，前两条是"中国政教之所固有，而亟宜发明以距异说者"，后三条则是"中国民质之所最缺，而亟宜箴砭以图振起者"。不难看出，上述教育宗旨仍是洋务教育"中学为体，西学为用"纲领的翻版而已，其封建色彩是相当浓厚的，已明显地落后于时代。

第二次重大的教育改革也是自上而下进行的，但领导者已变为资产阶级，所以矛头直指封建教育。首先颁布了《普通教育暂行办法》，规定初等小学可以男女同校，各种教科书必须符合民国宗旨，小学读经科一律废止，学堂一律改称学校等。接着又提出了新的教育宗旨："注重道德教育，以实利教育、军国民教育辅之，更以美感教育完成其道德。"彻底否定了1906年清末教育宗旨。

1912年，临时教育会议制定了新的学校系统，1913年又进行了修改、补充和完善，形成了《壬子癸丑学制》。这个学制把清末《癸卯学制》的26年学习期限缩短为18年（大学院未包括在内，实际上缩短学制3年），而且在设立女校、取消贵胄学堂、改革课程内容等方面也有了实质性的变化。如果说《癸卯学制》是中国近代第一个学制的话，那么，《壬子癸丑

学制》则是中国近代第一个真正意义上的近代化学制，即具有资产阶级性质的学制。

经过上述两次重大的教育改革，终于逐步把封建教育制度赶出了历史舞台，完成了古代教育制度到近代教育制度的变革。

二是创建和创办了一批教育团体和教育刊物，在宣传革命教育思想、介绍西方教育学说、探索中国教育之路等方面做了大量工作。1901年，罗振玉、王国维创办了《教育世界》，这份杂志在介绍西方教育学方面起了重要作用。如王国维的译著《教育学》和《教育学教科书》，就是在《教育世界》连载发表的。卢梭的《爱弥儿》、裴斯泰洛齐的《贤伉俪》等西方教育名著，也在《教育世界》上节译刊出。

1909年，商务印书馆创办了"以研究教育、改良学务为宗旨"的《教育杂志》，这份杂志分图画、主张、社说、学术、教授管理、教授资料、史传、教育人物、教育法令、章程文牍、纪事、调查、评论、文艺、谈话、杂纂、质疑答问、绍介批评、名家著述等二十余个栏目，是一份很有影响的综合教育刊物。其他如《中华教育界》《教育今语杂志》《直隶教育杂志》《教育公报》等也刊发了大量教育论文和译文，为繁荣教育理论、活跃学术气氛提供了阵地。

与此同时，一些教育学术团体也开始成立。1890年，以西方传教士为主体的中华教育会在上海成立。该会章程规定其目的是"促进中国教育的利益和增强从事教育工作者的兄弟般的合作"，并称要"领导中国产生一个完整的教育体系，使中国教育符合基督教的利益"。可见，"中华教育会"的根本目的是要用基督教文化取代中华文化，是西方资本主义国家对华教育侵略的团体。

中国人自己创办的教育学术团体，最早的是 1902 年 4 月成立于上海的中国教育会，由蔡元培任会长，主要成员有章太炎、蒋维乔等人。中国教育会不仅组织力量进行教育研究，而且开展教育实践活动，如开办了具有补习学校性质的通学所，分外文、理化、代数、几何、博物等科，由马相伯等任教员。1911 年 4 月，全国教育联合会在上海举行会议，并在此基础上于1914 年 3 月发起成立了"全国教育会联合会"，其目的是"邀集各省教育会推选教育家富于学识经验者，共同讨论，各抒心得，庶几离娄鲁班，各输长策，为教育界稍助螳臂之力"。该会从 1915 年开始每年召开一次会议，讨论研究中国教育的重要问题，对中国教育的发展，尤其是各省教育工作的推进，起了很大的作用。

三是出现了不同的教育思想流派，形成了一些教育思潮。在清末民初，中国近代教育思想出现了一个比较活跃的时期，在大量介绍和引进西方教育理论和教育制度的同时，各种教育思潮也纷至沓来。

1. 军国民教育思潮

1902 年，留日学生蔡锷在《新民丛报》上发表了《军国民篇》，蒋百里也发表了《军国民之教育》的文章，正式提出了军国民教育。

2. 实利主义教育思潮

甲午战争后，国内出现了学习西学和兴办实业的热潮，从而对实业教育提出了要求。1904 年的《癸卯学制》，就将实业教育列为一个独立的、由初级到高级的学校系统。1906 年颁布的教育宗旨，也把"崇实""尚实"作为重要内容，实业学校开始有较大幅度的发展。

3. 科学教育思潮

这是由清末西艺教育发展而来的一种教育思潮。1914 年，以留美学生

为主体成立了"科学社"，创办了《科学杂志》。他们针对中国科学不振、实业不兴的状况，试图通过科学教育来普及科学知识，培养科技人才。

4. 义务教育思潮

清末民初，资产阶级改良派和革命派都提出过效法西方实行义务教育的要求。1904年的《奏定学堂章程》把义务教育年限规定为五年，并指出："外国通例，初等小学堂，全国人民均应入学，名为强迫教育；除废疾有事故外，不入学者罪其家长。中国创办伊始，各地方官绅务当竭力劝勉，以求入学者日益加多，方不负朝廷化民成俗之至意。"这是自上而下的首倡义务教育。

5. 平民教育思潮

平民教育在资产阶级改良派的"开民智"的主张中已初见端倪。如梁启超把开民智与兴民权联系起来，认为不改变人民的愚昧无知就谈不上民权，更谈不上民主。

在新文化运动以后，"平民教育"更成为各阶层的共同口号，成为"五四"前后中国最有影响的教育思潮。

中国近代教育学的诞生是中华教育思想史的重大事件，中国终于有了自己的近代形式的教育理论，中国人终于开始用近代的思维方式和实证手段来研究教育现象，中国的教育终于能够用自己的语言与西方"对话"，这是历史的进步。

废除科举制度

科举制度一直是清末影响新式学堂发展的重大障碍，所以在制定学制的同时，开始了如何处置科举考试的讨论。

1898 年百日维新中已出台了设立经济特科、取消八股考试的措施，但戊戌政变后均一笔勾销。1901 年拟行新政后，又重新确认了这两项改革措施。1901 年 6 月，慈禧太后懿旨："开经济特科，于本届会试前举行。"8 月光绪帝上谕：改革科举考试内容，"一切考试均不准用八股文程式"。与此同时，一些官僚和封疆大吏则提出了进一步的请求，如同年 7 月由刘坤一、张之洞联衔发出的"江楚会奏三疏"第一疏中，明确提出："俟学堂人才渐多，即按科递减科举取士之额，为学堂取士之额"，并说明暂时保留科举考试只是"稍宽停罢场屋试士之期，……兼顾统筹潜移默化而不患其窒碍难行者也"。这寓示科举将最终废除。

1903 年 3 月，张之洞、袁世凯上书疾呼废科举，要求确定废科举的最后期限、具体步骤和时间表，并提出按科递减的方案，"学政岁科试分两科减尽，乡会试分三科减尽"。后来，张百熙、荣庆、张之洞按此方案拟定了《递减科举注重学堂折》，"请自下届丙午科起，每科分减中额三分之一。俟

末一科中额减尽以后，即停止乡会试"。并于 1904 年 1 月 13 日与《奏定学堂章程》同时奏呈，获得照准。按此方案，科举期于 10 年后停止。但是，时代对新学人才的热望已使部分官僚感到时不我待。

时隔不到两年，袁世凯、张之洞等各省督抚会奏立停科举以广学校，说明停科举与发展新式教育的关系："科举一日不停，士人皆有侥幸得第之心，以分其砥砺实修之志。民间更相率观望，私立学堂者绝少，又断非公家财力所能普及，学堂决无大兴之望。"迫于形势，光绪帝于 1905 年 9 月 2 日上谕："着即自丙午科（1906 年）为始，所有乡会试一律停止，各省岁科考试亦即停止。"这宣告了自隋代起实行了 1300 年之久的科举考试制度的终结。

科举从议废到实废，仅用了两年左右的时间，有力地配合了学制颁布后兴学政策的落实，出现了中国近代史上难得的兴办新学的热潮。至 1909 年，办学成绩已斐然可观，各级各类新式学堂的数量已达 5 万多所，京师外在校学生超过 160 万人，其中许多新式学堂是由传统书院改造而来的。

科举废除后，学校与科举之争仍在继续，清末民初不断有人提出改造、恢复科举的建议。科举制度对中国封建社会发展起过重要的作用，产生过重大的影响，是中国古代选官文化和考试文化遗产的重要组成部分，并渗透到我们今天的文化教育中。

"六三三"学制

中国近代学制形成后，虽经民国初年的教育改革，仍存在不少问题，如小学过长，中学过短（七四制），中等教育又太偏于普通教育，以升学为主要目标；过于强调整齐划一而灵活性不够，"学校之种类太单简，不足谋教育多方之发展"；同时，其模仿日本和德国的痕迹较深，没有从本国实际出发，课程、教法等方面也存在诸多问题，已不适应日益发展的社会政治经济生活和生产的需要，因而孕育着一场新的改革。

改革旧学制的先声，可以追溯到 1915 年。这一年，直隶省教育会发起成立全国教育会联合会，并召开了第一届年会，湖南省教育会在会上提出了改革学制系统案。"当时会议因此案事体重大，未曾开议，特分函各省征集意见，后虽未见实行，但新学制之改革，实以此案为嚆矢。"

此后，第五届全国教育会联合会向教育部首次提出了"改革女学制案"，浙江省又提出改革师范教育案，并议决第六届大会应以"革新学制作为提案之一"。至第六届大会中，有安徽、奉天、云南、福建诸省提出改革学制议案。

1921 年 10 月，全国教育会联合会第七届年会在广州召开，以学制为主要议题，广东、黑龙江、甘肃、浙江、湖南、江西、山西、奉天、云南、福

建、直隶等省提出了各自的学制改革案，其中有不少提倡美国学制和中学分科制，"以广东案较为完备"，所以大会"议决审查方法即以广东案为根据，与其他各案比较审查"。大会经过认真讨论审查，于 10 月 30 日通过了新的"学制系统草案"。

为进一步征求各方面意见，大会要求各地组织讨论，并请各报馆、各教育杂志发表草案全文，向全国征求修改意见。第七届年会后，各地教育界人士反响十分强烈，纷纷开会讨论新学制并撰文评论，许多教育杂志还专辟了学制改革研究专号。这样，在全国便掀起了研究学制改革的高潮。

伴随着学制改革的讨论，教育改革实践也方兴未艾。1920 年，舒新城、夏丏尊等在湖南第一师范学校，打破年级分组，实行"选科制"与"能力分组制"。同年秋，南京高等师范学校推行选科制和学分制。1921 年 5 月，江苏省立第一中学实行全面选科制，学生于三年级起可在文、理、商三科中自由选择，为学生毕业后的升学和就业作准备。这些教育改革实践，为学制的最终制订提供了坚实的依据。

1922 年 9 月，教育部在北京专门召开了学制会议。会议对全国教育会联合会所提出的学制系统改革案稍作修改，又交同年 10 月在济南召开的教育会联合会第八届年会征询意见，最终于 11 月 1 日以大总统令公布了《学校系统改革案》。这就是 1922 年的"新学制"，或称"壬戌学制"。由于采用的是美国式的六三三分段法，又称"六三三学制"。

教会学校：英华书院

19世纪初，随着资本主义势力的进一步扩展，海外传教事业也随之兴盛。当时的中国，海禁未开，西人传教仍被严厉禁止，但也有些传教士受派遣来中国沿海一带进行传教活动。

英国作为当时的头号资本主义强国，正锐意向东方扩张，把印度变为殖民地后，中国开始成为英国觊觎的主要对象。1807年，英国传教士罗伯特·马礼逊（1782—1834）受基督教新教伦敦会的派遣，搭乘美国商船，辗转来到澳门，然后进入广州。因不能公开传教，他只能隐匿于广州的美国商馆，暗中随人学习粤语和中国官话，了解中国情况，以作传教的准备。1809年，马礼逊与玛丽小姐结婚，因其岳父的关系被东印度公司聘为翻译。借此合法身份，他在之后的20多年里，一直在广州、澳门及南洋各地进行传教活动。在这期间，他汉译《圣经·新约全书》（1814年在广州印刷出版）、《圣经·旧约全书》（1819年在马六甲出版）等，编纂《华英字典》一至六卷（1817—1823年在澳门等地分别出版）等众多书籍，为以后西方人在华传教工作作了必要的准备。

1813年，伦敦会派遣另一名传教士米怜（1785—1822）前来协助马礼逊工作。鉴于清廷的传教禁令，他们决定将传教重点暂时放在南洋一带的

华人身上，然后慢慢向大陆发展。后来，伦敦会在马六甲、巴达维亚（今雅加达）等地建立了传教站，汇聚了一批来自欧美的传教士。

兴办学校，传播西学，是传教士借以扩大影响、进一步达到传教目的的重要手段。1815年，马礼逊提出创办马六甲书院的设想，得到有关方面的支持。学校最终定名为英华书院，于1818年11月11日在马六甲奠基，同年开学。米怜任院长，马礼逊任校监。

根据马礼逊、米怜所拟《马六甲筹组英华书院计划书》，书院涵盖中学、小学，以中、英文交互进行教学。这样，一则可以使欧人学习中国语言文字，二则让素习中文的中国、印支及中国东部如琉球、高丽、日本等地的学生，都能以英语从事西欧文学及科学的学习。聘任中、西籍教习均以基督教徒为限。在课程上，对欧籍学生，除必修中国语文外，根据学生的志愿选修宗教、文字、经济等科目；对本土学生，以英语教授地理、历史、数学及其他有关学术和科学的各种科目。书院供给部分学生膳宿，有自我照顾能力并自愿者可寄宿校外，并设立基金以供本土贫寒学生维持生活。

英华书院在以后办学过程中实际分成小学、中学及中学以上程度两部分：小学部分不限于英华书院内，由英华书院主办的多所小学组成。中学及中学以上的学生在程度、年龄、国籍和所受课程方面均参差不齐，人数也较少，1818年初创办时仅7人，1839年达到70人的规模。

英华书院所培养的华人学生中，日后较为知名的有梁发、袁德辉、何进善等人。梁发可说是对中国近代社会产生巨大影响的人物，他是广东肇庆高明县（今高鹤县）人，1820至1821年在校，学习神学并获得奖学金，后来成为中国第一个华人传教士。1836年，洪秀全在广州参加科举考试时，

有人在街头送给他一本由梁发编写的布道书，名为《劝世良言》，这是洪秀全第一次接触到的介绍西方宗教的小册子。它成为引导洪秀全进一步吸取基督教知识、最后创立"拜上帝教"的入门读物。

1842 年，中英签订《南京条约》后，英国霸占香港。为便于向华人传教和传学，1843 年，英华书院正式迁往香港，1844 年更名为英华神学院，1856 年停办。

英华书院尽管不是设在中国大陆本土，办学目的也只在"为宣传基督教而学习英文与中文"，但它是第一所主要面向华人的新式学校。该校毕业的部分华人学生，成为近代中国第一批西学的知情者。从传教士方面说，英华书院也为鸦片战争后教会学校的大量设立积累了经验、探索了路径、准备了人才。

外语学校：京师同文馆

京师同文馆成立于 1862 年 6 月 11 日，为培养"译员""通事"的外语学校，附设于总理各国事务衙门。

初设英文馆，学员 10 人；1863 年增设法文和俄文馆，学员各 10 人；各馆分立，分馆教习。1866 年 12 月，恭亲王奕訢等奏请增设天文算学馆，招收 30 岁以下学员，第二年开始招生，报考的有正途出身的五品以下官员

和其他人员 98 人，实际参加考试 72 人，录取 30 名，开馆肄业。自此，成为中等专科学校，课程逐年增加，教习天文、算学、平三角、弧三角、微积分等。

1868 年，聘李善兰为算学总教习；1869 年，聘美国教士丁韪良为总教习；1871 年，又设德文馆；至此学生增至 120 人左右；同年，又设医、生理学讲座；1872 年，总教习会同各馆教习，拟订八年课程计划，从此开始有统一章程。1886 年录取学员达 150 人。1896 年，重新修订课程计划，前五年为中等学校程度，后三年课程相当大专。前三年侧重外语，后五年则侧重科学技术教习。1896 年增设日文馆。1902 年并入京师大学堂。前后存在40 年之久。

京师同文馆之所以得以发展，经历了非同平凡的论争。洋务派首领恭亲王奕诉与顽固守旧派之间，为设立天文算学馆一事而进行艰苦的辩论，他据理力争，慷慨陈词，不失为卓识之举。

奕诉再上奏折，就成立天文算学馆的必要和可能性，进一步论证，并拟定有关教习、考试、考勤、津贴、奖励晋升等六条学制规则同时附上，都得到批准。

然而，反对的意见出来了，大辩论也开始了。同治六年（1861 年）正月二十九日，山东道监察御史张盛藻递上奏折称："近见邸钞，总理各国事务衙门请设同文馆，专用正途科甲人员，学习天文算术，以为制造轮船、洋枪之用。胪列六条，意在专讲习，勤考课；又恐人之不乐从也，乃厚结廪饩，优与奖叙，以鼓舞之，其诱掖奖劝用心苦矣……臣以为设立专馆，只宜责成钦天监衙门考取年少颖悟之天文生、算学生，送馆学习，俾西法与中法互相考验。至轮船、洋枪，则宜工部遴选精巧工匠或军营武弁之有心计者，

令其专心演习，传受其法，不必用科甲正途官员肄习其事，以养士气而专责成。"

这份奏折立即

湖南第一师范学校

受到同治皇帝批驳，称："朝廷设立同文馆，取用正途学习，原以天文算学为儒者所当知，不得目为机巧。正途人员用心较精，则学习自易，亦于读书学道无所偏废。"

照理说，守旧派应当有所收敛，然而，出乎意料，同年二月十五日，大学士倭仁，亲自出面来反对了，他上了一道奏折说："窃闻立国之道，尚礼义不尚权谋；根本之图，在人心不在技艺。今求一艺之末，而又奉夷人为师，无论夷人诡谲未必传其精巧，即使教者诚教，学者诚学，所成就者不过术数之士，古今来未闻有恃术数而能起衰振弱也。天下之大，何患无才。如以天文、算学必须讲习，博采旁求，必有精其术者，何必夷人。何必师事夷人。"

同治六年三月二十七日，通政使于凌辰奏折称："今天文算学招考正途人员，数月于兹，众论纷争，日甚一日……天文算学馆甫设而争端即启，争端启则朋党必成。夫天文算学本属技艺之末，其果能得力与否尚不可知，而先令臣子别户分门，开国家未有之风气，所关实非浅显。"

同治六年四月十三日，崇实上奏建议各省督抚推荐算学人才，不须尽师西方，使之与西士互相考证即可。

还有直隶知州杨廷熙，于五月二十二日，递上长篇奏折称："为天象

示警，人言浮动，请旨撤销同文馆。"他提出十大不可解者，并说同文馆之设，创制非宜，谨请收回成命。

这份奏折震怒了同治皇帝，七天之后，下谕称："前因天旱，诏求直言，杨廷熙呶呶数千言，甚属荒谬，以知州微员，因同文馆之设，痛诋在京王大臣，是何居心！且谓天文算学，疆臣行之则可，皇上行之则不可；又谓事在必行，恳将翰林、进士科甲有职事官员撤销，尤属谬妄！"对杨廷熙严加斥责。于是，洋务派终获胜利。

从此，京师同文馆得以扩展，许多自然科学逐渐引进。所以天文算学馆的成立，可以说是中国的官办讲习自然科学的学校起始，在这里孕育了未来的京师大学堂。这是时代进步的必然，也是历史的选择。

京师同文馆内各馆分前、后馆两级，学员入学先进后馆，待学业有长进后方升至前馆。学制为三年，后改为八年。按规定前三年只学汉语和外文，待基本掌握之后，才进入下阶段学习其他各科。

航海学校：南洋公学

最早涉及高等航海教育机构设立的是当时清政府邮传部的上海高等实业学堂，这所学堂是我国最早建立的大学之一，前身为南洋公学，设航政科。

1896 年，提倡新政的办理轮船电报各务大臣盛宣怀筹款在上海徐家汇

南洋公学

创办南洋公学，自任督办，设师范、外院、中院和上院四院。南洋公学开办之初，就与航运发生了联系，其办学经费主要来源之一，出自我国当时最大的航运企业轮船招商局。

南洋高等商务学堂又于光绪三十一年（1905年）更名为商部上海高等实业学堂。清廷的商部除了管理全国商务外，还管理全国的农林水利和交通运输业。

南洋公学先分设师范院、外院（附属小学）、中院（中学）、上院（大学），以后又设特等班。初办时约有教职员工50多人，学生近300人。

公学开办之初为解决师资和生源，于1897年3月先设师范院，此为中国近代史上第一所正规的师范学校。第一次招生考试，以"不取修膳""资送出洋""择优奖赏""优予出身"为条件，张榜招贤，与科举竞争人才。通告发出后，各省前来应试者数千人，经严格挑选，录取师范生40名，都是20至35岁的青年，确是"当时社会之俊彦者"。与此同时，公学效仿日本师范院有附属小学之法，另招10至18岁的聪颖幼童120名，开办外院，令师范生分班教之。盛宣怀认为"师范、小学，尤为学堂一事务中之先务"，师范生是培养人才的人才，小学则是学业基础的基础。没有相应的师

资和小学基础，学校是办不好的。后来公学外院、中院、上院的教师绝大多数来自师范院，而中院、上院的学生则很多来自于外院。盛宣怀用这一教育思想，缓和了师资生源矛盾，实行了"诸生选自幼童，收效旨在十年之后"的办学计划，并为公学的发展奠定了基础。

南洋公学的主体是中院，它是为进一步设立上院而创办的。1898年春，中院成立，初期学生主要来自外院，附在师范院内分班授课，学习期限也不定，主要为升上院作准备。1900年起规定学习期限5年，分中院3年，高等预科2年，规定必须修完高等预科后方可毕业。学生所学课程相当于现在的中学课程，开始用中文本授课，后改用英文本。盛宣怀的原意是让中院毕业生进上院，"上院学生卒业后择其优异者资送出洋，就学于各国大学堂，以扩大识而资大用"。但中院开办后，开办上院的条件暂且不具备，只好一缓再缓。1901年7月劳乃宣任校长时呈文盛宣怀，建议将中院首届毕业生择优选送出国学习。盛宣怀从办洋务急需人才出发，迅速采纳了劳乃宣的建议，在上院缓办的情况下，资送中院毕业生出国"分入各国农工商学堂"学习。据上海交大档案记载，从1897年至1906年，公学学生被派往日本、美国、英国、比利时等国留学的计58名，相当于中院和师范院毕业生的二分之一。派遣学生留学，弥补了上院缓办的缺陷，从而实现了小、中、大学一贯制的教育思想。

以上所述，南洋公学是我国最早兼设师范、小学、中学、大学这样完整教育体制的学校。今日许多大学设附小附中与南洋公学的体制不无相关。因此，公学的这一模式在近代中国教育史上应给予一席地位。

知识链接

瑞安天算学社

瑞安天算学社，其前身为瑞安学计馆。这馆原为清朝经学大师孙诒让所创办，他一生在温州、处州（今丽水）地区创办各级学校达300多所。尤重视天算，认为算学是"六艺"之一，对于"步天测地，制器治兵，厥用不穷"。于是，在光绪二十一年（1895年）十月发起，经瑞安县立案，在第二年二月成立瑞安算学书院；三月，改名为瑞安学计馆。光绪二十二年三月正式开学，馆址在城内卓敬祠堂。瑞安天算学社开我国创设研究天算学术团体风气之先，留下了先辈天算学者们前进的足迹，在历史上应给以一席之地。

海军学校：水师学堂

清末海军学校，最早的当推天津北洋水师学堂，由北洋大臣李鸿章，于光绪六年（1880年）七月十四日奏请设立，称："中国驾驶兵轮船学堂，创自福建船政……北洋现筹添购碰快铁甲等船，需人甚众。臣于去年十月，奏明拟设练船，选募北省丁壮素谙风涛者、上船练习；尤必以学堂为根本，乃可逐渐造就，取资不穷。应就天津机器局度地建设水师学堂，俟落成后，参酌西国成规，拣派监督、教习，招考学生入堂肄业，逐渐练习。唯事体烦

重，造端不易，须有明练大员专意督率，实力经营。查前任船政大臣光禄寺卿吴赞诚，洞悉机宜，条理精详，曾在天津办理机器局有年，熟谙情形，前因患病奏准开缺调理，今夏臣缄商来津就医，刻已稍就痊可，精神尚健。拟请旨即令该大臣吴赞诚在津督同局员筹办水师学堂练船事宜，俾可从容就绪。"

这份奏折得到批准，于是着手筹备，聘请严复为总教习，建校舍，因水师学员须学天文学，因此建观星台一座。光绪八年（1882年）九月，大体完成筹备，进行招生。

水师学堂分驾驶、管轮两门，学制五年。在学堂学习四年，在船练习一年；招收14岁以上，17岁以下学员，共120名。

水师学堂总监督为吴赞诚、吴仲翔，总教习为严复。关于严复，我们从《严几道年谱》中可得知这位海军先辈当时任职情况。文中称：光绪六年庚辰（1880年）先生28岁，直隶总督李文忠公（鸿章）经营北洋海军，知先生能，辟总教习天津水师学堂。而吴观察（仲翔）为之总办，以先生时已积资至都司也，实由先生一人主之。常柴车野服，往来于京津之间。朝之硕臣，及铮铮以国士自期许者，咸折节争集先生之庐……光绪十五年己丑（1889年）先生37岁，直隶总督李文忠公派为会办水利学堂。光绪十六年庚寅（1890年）先生38岁，直隶总督李文忠公派为总办水师学堂，不预机要，奉职而已。

我们再看记载当时水师学堂的恢弘壮盛的文献称："水师学堂设在机器东局之旁，堂室宏敞整齐，不下一百余椽。楼台掩映，花木参差，藏修游息之所，无一不备。另有观星台一座，以备学习天文者登高测望，可谓别开生面矣。"水师学堂重视天文测量学课程，对于测定经纬度要求极高，其办

学态度认真，由此可见一斑。

学员在学堂四年课程：英语、平弧三角法、地舆图说、驾驶诸法、算学至开平、立诸方测量天象，推算经纬度诸法、几何原本前六卷、重学、代数至造对数表法、化学格致。

学员在学堂肄业四年，经北洋大臣大考，合格者方能派至船上练习一年。春考一次，秋考一次，如都合格，可保送考"把总"候补，其考试程序为：算学代数、绘画海图、几何、重学流质学、平弧三角法、翻译英文、驾驶理法、汽学、驾驶天文理法、诸学难题，各限一个半小时交卷。

水师学堂创设伊始，拟定了详细而严格的章程，对招考条件、学习期限、待遇奖惩等均做了具体规定。学堂开办一年后，学额未满，成效不很明显，招来的学生中也"少出色之才"。李鸿章将原定章程加以修改，告示于民。改后的章程重点有两条：一是提高待遇，将原定"学生月给赡银改为月给四两"。这意味着一旦谁家有学生入选学堂，即便是八口之家其生活也都有了保障。二是加重奖赏，此间学生若果卓有成就，本大臣定当从优奏奖，破格录用。

天津水师学堂给北洋水师充实了许多军事技术人才。李鸿章为此欣慰："臣于天津创设水师学堂，将以开北方风气之先，立中国兵船之本。" 光绪十年（1884年）十一月初五，李鸿章专上奏折，为天津水师学堂请奖。

天津水师学堂，是中国北方第一所海军学校。在此毕业的学生很多成为北洋海军的骨干，不少人在甲午海战中为国捐躯，有的成为后世名人。如现代女作家冰心之父谢葆璋、民国总统黎元洪，又如人们熟知的著名爱国教育家、南开大学创始人张伯苓先生，当年也就读于天津水师学堂。在校期间，张伯苓如饥似渴地学习近代科学知识，是该学堂驾驶科最好的学生。因

受近代启蒙思想家、教育家，时任学堂总办严复影响，后来走上救亡图存、开办教育之路。

制造学校：船政学堂

福建船政学堂，是中国近代最早的海军制造学校。同治五年五月十三日（1866年6月25日），闽浙总督左宗棠奏请在福州马尾设置船政局，并附设船政学堂，亦名"求是堂艺局"。这所洋务学堂被誉为近代中国海军人才的摇篮。

左宗棠的奏疏很快得到同治皇帝的批准。于是，他立即与胡光墉，法国军官日意格、德克碑等人开始筹备。1866年10月，左宗棠奉命调任陕甘总督，他推荐前江西巡抚沈葆桢继任，为船政大臣。沈葆桢不负期望，着力经营。

1867年1月6日，福建船政学堂正式开学，暂以城南定光寺为学舍，后迁入马尾新校舍。并设两个专门学校：当时制造学以法国为优，所以聘请法人教授法文、算术、物理、化学和其他有关制造方面的学问，目的在于使学生了解轮船及轮机的原理和作用，以养成自己打样制造的能力，因为注重法国学问，所以称为法国学堂，或称前学堂。至于管轮驾驶学，则以英国为优，所以成立一学校，专重英国学问，聘请英人教授英文、天文、地

理、算术、管轮、驾驶等课程，目的在于培养管轮及驾驶人才。由于注重英国学问，所以称为英国学堂，或称后学堂。初办时，学生除由本地区考选聪颖子弟外，又从香港、广东、浙江、上海等地招取已通英语的学生前来肄业，学制五年。

严复当时曾在船政学堂学习，后人为他撰写的《严几道年谱》中，记录了其课程：

同治六年丁卯（1867），先生十五岁入马江学堂肄业。所习者为英文、算术、几何、代数、解析几何、割锥、平三角、弧三角、代积微、动静重学、水重学、电磁学、光学、音学、热学、化学、地质学、天文学、航海术等。

1868 年 8 月，船政学堂设"艺徒学堂"，招收青年工人一百余人。初办时，白天工作，每晚学一个半小时，后又增加上午再学一个半小时，课程有法语、平面几何、画法几何、制图和轮机学；学习三年。

1871 年 1 月，船政学堂建立练船制度，又称为驾驶学堂，后学堂首届招收驾驶生 33 名、管轮生 22 名，学习期三年，经考试合格，驾驶生转入练船驾驶，期限亦三年。当时船政大臣黎兆棠于光绪八年（1882）致张树声函中，述及驾驶学堂所讲授课程，称：

查闽省驾驶学堂所读者曰智环启蒙；曰文法谱；曰第一书以至第五书，皆言语文字及讲习文义之学也；曰数学入门；曰几何；曰代数；曰平三角，弧三角，皆数理之学也；曰地舆图说；曰航海全书，则驾驶之学也，大抵管驾之材，学堂之教居半，练船之教居其半，而学堂功课算学又居三分之一。

驾驶练船，要求在洋教习指挥下，"由海口而近洋，由近洋而远洋，凡水火之分度，礁砂之夷险、风信之征验，桅柁之将迎，皆令即所习闻者，印

之实境"。出海是练船的重要功课，规定每年秋出冬归，或冬出夏归。练船时，要将学堂里所学的天文海图，验证于礁砂实境是否测量符合。

福建船政学堂的规模，初办时只有前后两堂，然后逐渐发展，到1872年5月，就发展为前学堂、绘事堂、艺徒学堂、后学堂、驾驶学堂、管轮学堂六个部，学员达300余人，为鼎盛之期，沈葆桢确实治理有方。其后任船政大臣的张佩纶称："船政建有学堂两区，前学堂学制造，沈葆桢详立章条，遴选俊秀，学规极为整肃。"另一位大臣卞宝第亦称："前江西巡抚沈葆桢总理其事，经营创造，极费苦心，用人尤为慎重……"对此，左宗棠和沈葆桢两人在奏折中，就船政学堂取得的成绩，有所记述：

同治十一年三月二十五日，左宗棠奏折称：

"据夏献纶禀各厂匠作踊跃精进，西洋师匠所能者均已能之，而艺局学徒一百四十余名既通英法语言文字，于泰西诸学尤易研求。臣前据闽局函报，天文、算学、画图、管轮、驾驶诸艺童，有学得七八分者，有学得五六分者，屡请英法教师考校，列上等者约七八十名，次亦三四十名，将来造诣尚未可量。"

同治十二年十月十八日沈葆桢奏折称：

"数月以来，验其工程，均能一一吻合，此教导制造之成效也。后学堂学生既习天文、地舆、算法，就船教练，俾试风涛，出洋两次，而后教习挑学生二名，令自行驾驶，当台飓猝起、巨浪如山之时，徐觇其胆识，现保堪胜驾驶者已十余人。管轮学生凡新造之轮船机器，皆所经手合拢，分派各船管车者已十四名，此教导驾驶之成效也。"

然而，在后来，沈葆桢调任江苏巡抚，丁日昌继任，不及半年又离任。此后，船政大臣更换频繁，于20年中12次易人，办事多不务实，且由于经

费支绌，船政学堂逐渐废弛，从 19 世纪 70 年代，就停滞不前，学员人数逐年减少。光绪九年（1883），船政学堂的前学堂学员 47 名，后学堂驾驶生 71 名，管轮生 31 名，共 149 名。到了 1887 年，船政学堂学员总数只 128 名。以后有很多年没有招生。

光绪二十二年（1896 年），裕禄兼任船政大臣，重新整顿，招收前学堂造船科新生 80 名，艺徒学堂新生 60 名；后学堂没有招生；学制改为六年。光绪二十八年（1902 年），前学堂尚有学员 78 名，再招后学堂新生 70 名。三年之后，后学堂再招驾驶生 41 名，管轮生 19 名；光绪三十三年（1907年）后就停止招生。

福建船政学堂从创办之日起，经历 40 余年，先后共毕业 637 名学员；前学堂制造科先后办了 8 届，共毕业 180 名；后学堂驾驶科办了 19 届，共毕业 247 名学员，管轮科办 14 届，共毕业 210 名学员。

福建船政学堂毕业的学员，多次被派往国外留学。据史料记载，1877年 3 月，后学堂驾驶生刘步蟾、林泰曾、严复、林永升、萨镇冰、方伯谦、何心川、叶祖珪、林颖启、江懋祉、黄建勋、蒋超英等，分赴英国、西班牙等学习驾驶，留学期限三年。1886 年，后学堂驾驶生黄鸣球、罗忠尧、贾凝禧、郑文英、张秉圭、罗忠铭、周献琛、王桐、陈鹤潭、邱志范等十人，与北洋水师学堂学生一批共 20 名，分赴英、法国学习驾驶，期限亦为三年。至于前学堂亦曾派遣留学生，第一批为 23 名，第二批则为 14 名，在此只述其大略。

福建船政学堂，为我国培养了近代第一批海军人才，在甲申乌江海战和甲午海战中，许多舰队各轮的管驾和管带，很多都出自船政学堂，如许寿山、陈英、刘步蟾、林泰曾、邓世昌、林永升、黄建勋等不仅技术娴熟，

而且气节凛然，在战役中壮烈牺牲，以身殉国，表现出爱国精神和英雄气概。而大多数毕业生成为我国海军骨干，创业维艰，功不可没。

青年导师：杨贤江

杨贤江（1895—1931），字英父（英甫），又名李浩吾。他出生于浙江余姚长河镇杨家村（今属慈溪市）的一个裁缝家庭。幼年即勤奋好学。1917年夏，他以优异的成绩毕业于杭州浙江省立第一师范学校。

杨贤江从1921年春起，到上海担任商务印书馆《学生杂志》编辑，长达6年。期间，他借助杂志的阵地，针对青年和学生的学习、事业、生活问题，撰写和编发大量文章，使杂志成为青年"生活道路上的指路明灯"，他本人被赞为"青年一代最好的指导者"。同时，他逐步接受马克思主义。1922年5月，他由沈雁冰等介绍加入中国共产党。1923年8月，他协助恽代英编辑《中国青年》，向青年学生介绍马克思主义。1926年底，他转而从事工人运动和学生运动。为配合北伐，他曾三次参加上海工人武装起义。1927年"四一二"后遭通缉，他转到武汉国民革命军总政治部主编《革命军日报》。"七一五"事变后，他秘密回到上海，转入地下。秋天，因形势险恶，他受命避难赴日，并负责中共留日学生特别支部工作。

在日期间，他在继续从事革命的同时，进行教育和社会科学的研究和

翻译。1928年，他撰成第一部运用历史唯物主义分析世界教育历史的著作《教育史ABC》，并翻译了恩格斯的《家庭、私有制和国家的起源》和其他一些介绍苏俄教育的著作。1929年由日返国，他于1930年撰成第一部运用马克思主义论述教育原理的专著《新教育大纲》，奠定了作为马克思主义教育理论家的地位。1931年8月9日，他因肾结核手术不治，病逝于日本长崎。杨贤江在36年短促的一生中，留给后人300多万字的精神财富。

运用历史唯物主义阐明教育的本质，是杨贤江教育思想的重要内容，也是他对中国当代教育理论的一大贡献。

杨贤江在《新教育大纲》中，对"教育是什么"这个关乎教育本质的问题作了开宗明义的说明，他说："教育为'观念形态的劳动领域之一'，即社会的上层建筑之一。"它与法律、政治、宗教、艺术、哲学等观念形态的领域一样，建立于经济基础之上，取决于经济基础，又反作用于经济基础。

杨贤江对教育本质的考察，并未停留在抽象的议论上。他进而通过对"教育进化"的考察，对教育本质的演变作了具体分析。首先，在原始社会，教育是"社会所需要的劳动领域之一"。杨贤江认为，教育的起源既非出于人性，也非教育者的先觉意识，更非天命使然，而是因了人类实际生活的需要，"教育的发生就植根于当时当地的人民实际生活的需要；它是帮助人营谋社会生活的一种手段"。因此，原始社会的教育在内容上，一是为获得生活资料的"实用教育"，如渔猎、战争、器具制作技能的传授，一是安慰精神的"宗教教育"，如风俗仪式的传授；在方法上，是在生活和劳动中并借助生活和劳动进行，教育和生活劳动不分；在对象上，是无论男女每个人都享有受教育的权利与义务。就是在这样的过程中，人类不断摆脱愚昧，获得身心发展。

其次，私有制度的产生，导致教育"变质"，成为"社会的上层建筑之一"。社会生产力的发展，导致私有制的产生、阶级乃至国家的形成，教育从原始社会是属于"全人类的，也是统一的"，转变成"阶级的，且是对立的"了。阶级对立的教育是人类社会进入"文明时代"后的教育特质，这是教育本质的"变质"。在奴隶制社会和封建社会，"变质"的教育具有五个特征，即体脑分离，教育与劳动分家；教育权跟着所有权走；教育专为支配阶级的利益服务；两种教育制度的对立；男女教育的不平等。到资本主义社会，更加上第六个特征：教育的"独占化与商品化"。基于以上特征，教育同政治、法律、宗教、哲学一样，属于上层建筑和观念形态之一。

其三，未来社会的教育将是"社会所需要的劳动领域之一"，是"在一个更高形态上的复活"。在未来的社会主义社会，随着私有制的消灭，阶级的消亡，教育将在更高形态上恢复其本来意义，表现为教育与劳动结合、教育的普及、真正平等的教育，成为"社会所需要的劳动领域之一"。

杨贤江用历史的和发展的观点分析了教育的本质问题，指出了教育发展的必然趋势。他将处于阶级社会阶段的教育视为"变质"的教育，是为了说明教育的上层建筑属性，即为统治阶级所专有并用作工具的特性，而这点恰恰是"当时为许多人所忽视与反对的命题"。杨贤江的使命在于批驳关于教育本质一些有意无意的错误观点，澄清人们的认识，为民众争取真正民主和科学的教育。

杨贤江的教育研究大量是针对青年问题的。他发表了300多篇教育文章，大多是关于青年问题的专论；写给青年学生200多封信，回答了1000多则青年的提问，表达了对青年成长的关切之心。他对青年的理想、修养、健康、求学、择友、社交、婚恋等各方面都给予耐心地指导，这种全方位的

教育谓之"全人生指导"。

所谓"全人生的指导"，就是对青年进行全面关心、教育和引导，即不仅关心他们的文化知识学习，同时对他们生活中各种实际问题给以正确的指点和疏导，使之在德、智、体诸方面都得以健康成长，成为一个"完整的人"，以适社会改进之所用。

与同时代教育家相比，杨贤江的独特建树表现在两方面：其一，他致力于中国的马克思主义教育理论建设，创造性地阐述了教育本质问题，并贡献出像《教育史ABC》《新教育大纲》这样的名著；其二，他致力于中国的青年教育，提出了"全人生指导"的青年教育思想，对当时一代青年的健康成长影响至大。

提倡"活教育"：陈鹤琴

陈鹤琴是中国近代学前儿童教育理论和实践的开创者。他一生致力于从中国国情出发，学习和引进西方教育思想和方法，建设有民族特色的中国现代儿童教育。他倡导"活教育"，为改革传统教育提出了极有价值的思路。

陈鹤琴（1892—1982），浙江上虞人，出生于一个逐渐败落的小商人家庭。他自幼丧父，勤奋自励，且聪明颖悟。他8岁入塾读书，14岁入杭州

教会学校蕙兰中学，开始接受新式教育；中学毕业后，1911年春先入上海圣约翰大学，秋考入北京清华学堂高等科；在清华期间，曾创办清华校役补习夜校以及与清华相邻的成府村义务小学。

陈鹤琴提出"活教育"的目的是："做人，做中国人，做现代中国人。"这个看似简单直白的命题，却有着十分深刻的思想和时代内涵。有感于民族的生存危亡，有感于中国传统教育的弊失，他曾痛切地说：生而为人、生而在中国、生而在现代中国，究竟有几个人真正明白做"人"、做"中国人"、做"现代的中国人"呢？"做'人'不易做，做'中国人'不易做，做'现代中国人'更不易做。"陈鹤琴从抽象到具体三个逐一递进、逐一包含的层次，论述其"活教育"的目的论。

"做人"是"活教育"最为一般意义的目的。陈鹤琴认为，人之所以区别于动物就在于人的社会性，自有人类历史以来，个人都难以离开社会而独立。如何建立起完美的人际关系，借以参与生活，控制自然，改进社会，追求个人及人类的幸福，便是一个"做人"的问题。所以，"活教育"提倡学习如何做人，如何求社会进步、人类发展。作为一个人，他必须热爱人类，不论国籍、种族、阶级和宗教；他必须热爱真理，以真理为至高无上，乃至不惜一切捍卫真理。前者体现了对人类所有个体的生命价值的重视和珍惜，后者体现了对人类共同生活准则的确认和维护，而教育的目的在于帮助形成人的上述两方面意识。学会"做人"，是个体参与社会生活、增进人类全体，同时也是个体幸福的基础。

但是，"做人"毕竟仍显抽象，因为人总是生活在特定的社会历史环境中的。因此，陈鹤琴进而提出"活教育"的深一层目的——"做中国人"。他说："今天我们生在中国，是一个中国人，做一个中国人与做一个别的

国家的人不同。"不同在何处呢？不同在于：生活在这一国度里的人们，共同拥有光荣的历史；生长在这一块国土上的人们，其命运息息相关。做一个中国人，他要懂得爱护这块生养自己的土地，爱自己国家长期延续的光荣历史，爱与自己共命运的同胞。并且，拥有这份情感的中国人，应该团结起来，为同一个目标：提高中国在世界各国中的地位，为国家的兴旺发达而努力！

"做中国人"体现了"活教育"目的的民族特征，而陈鹤琴进一步提出"做现代中国人"，则使"活教育"目的进而体现时代精神，因此更为具体。直至"活教育"提出的 20 世纪 40 年代，中华民族已经历经了一个世纪对帝国主义侵略的抗争，非但未能摆脱列强的欺侮和压迫，反而受蹂躏更甚；中国引进西方先进的思想、文化、教育，并实行现代学校教育数十年，但社会和民众的落后状况仍未改观。

救国图强和科学民主启蒙依旧是中华民族求得自新的奋斗内容，而这，又需由"现代中国人"来承担。针对中华民族所面对的严峻使命，反思中华民族的优点与缺陷，陈鹤琴赋予"现代中国人"五方面要求：

第一，"要有健全的身体"。为了改变身体羸弱、缺乏活力的民族传统身心面貌，摘除"病夫"帽子，变只重心的教育为身心并重的教育，以健全的身体而为道德实现、学问追求和美满人生的基础和保证，并"应付现代中国艰巨的事业"。

第二，"要有建设的能力"。长期的外侮和内乱，造成中国"破坏多于建设"，百废待兴，急需建设。学校迫切需要培养学生的建设观念和建设能力，通过让学生在各种校内外活动和劳动中亲自动手，学习建设本领，体会建设的艰难和必须，以适应国家建设需要。

第三，"要有创造的能力"。近数百年的专制统治和以科举为中心的教育，扼制了民族素有的创造力，造成因循苟且的习惯。教育固需珍惜和诱导儿童本性中潜藏的创造欲望，以培养其探索和创造能力。

第四，"要能够合作"。缺乏团体性，不善合作，是在近代社会中国国民性表现出的严重弱点，以致为人逐一击破。教育即需训练人自小具有团结合作精神，能舍小我成全大我，舍一己之个体成全国家民族之大体。尤其要紧的是，团体的形成不是靠专制力量的强聚，而是通过民主力量，靠个体内的高度的自觉认同。

第五，"要服务"。基于对人社会性的认识，通过教育，克服人的利己本能，养成儿童服务社会的崇高德性，懂得服务，善于服务，否则就是失败的教育，也使人与动物相去不远。

"活教育"的目的论从普遍而抽象的人类情感和认识理性出发，逐层赋予民族意识、国家观念、时代精神和现实需求等涵义，使教育目标逐步具体，表达了陈鹤琴对人的发展、教育与社会变革的追求。

生活即教育：陶行知

陶行知是中国现代杰出的人民教育家、大众诗人和坚定的民主战士。他毕生从事教育，勇于批判和改革旧教育，为中国探索民族教育的新路。他的教育思想是一种具有创造性并不断发展、不断进步的教育思想，而其生活教育思想则贯穿其始终。

陶行知（1891—1946），原名文濬，后改知行、行知，安徽歙县人。他少时曾断续就学于旧式塾馆，并刻苦自学；1906 年入教会学校崇一学堂读书，开始接受西方教育；1910 年考入南京汇文书院预科，不久转入金陵大学文科，改名"知行"，信奉孙中山三民主义和自由、平等思想；1914 年以优异成绩毕业赴美留学。

他初入伊利诺大学攻市政学，获政治学硕士学位，后转入哥伦比亚大学师范学院攻读教育，得到著名教授杜威、孟禄的赏识，并与克伯屈等过从甚密。他于 1917 年获哥伦比亚大学都市学务总监资格文凭，旋应南京高等师范学校之聘回国，历任教授、教务主任兼教育科主任，讲授教育学、教育行政、教育统计等课程，介绍实用主义教育理论。

"教学做合一"是生活教育理论的重要主张，是"生活即教育"在教学方法问题上的具体化。陶行知曾解释说："教学做合一是生活现象之说明，

即是教育现象之说明。在生活里，对事说是做，对己之长进说是学，对人之影响说是教。教学做只是一种生活之三方面，而不是三个各不相谋的过程。同时，教学做合一是生活法，也就是教育法。它的涵义是：教的方法根据学的方法；学的方法根据做的方法。事怎样做便怎样学，怎样学便怎样教。教与学都以做为中心。在做上教的是先生，在做上学的是学生。"结合其整个思想看，"教学做合一"包含以下要点：

首先，将传统教育下劳力和劳心的"两橛子"联接起来，"在劳力上劳心，是一切发明之母，……人人在劳力上劳心，便可无废人"。

其次，"教学做合一"是因为"行是知之始"。陶行知批评传统教育历来把读书、听讲当成"知之始"，并以之为知识的唯一来源，习之既久，学生就"不肯行、不敢行、终于不能行，也就一无所知"。他认为，行（做）是知识的重要来源，也是创造的基础，身临其境，动手尝试，才有真知，才有创新。他形象地比喻说："行动是老子，知识是儿子，创造是孙子。"不仅个人如此，中国的教育也是如此，中国的教育也须从行动开始，而以创造为完成。

其三，"教学做合一"要求"有教先学"和"有学有教"。"有教先学"即"以教人者教己"，或者说教人者先教自己。陶行知曾将"以教人者教己"作为晓庄师范学校的根本教育方法之一，要求教人者先将所教材料"弄得格外明白"，先做好学生。同时，教人者还要"为教而学"，即先明了所教对象为什么而学、要学什么、怎么学，"为教而学必须设身处地，努力使人明白；既要努力使人明白，自己便自然而然的格外明白了"。"有学有教"即"即知即传"，它要求：会者教人学，能者教人做。还要求：不可保守，不应迟疑，不能间断。去除"知识产权"的私有，树立"文化为公"的信念。

"小先生制"就充分体现了这一意义上的"教学做合一"。

其四，"教学做合一"还是对注入式教学法的否定。陶行知指出，注入式的教学法是以教师的教、书本的教为中心的"教授法"，它完全不顾学生的学，不顾学生和社会生活的需要。根据生活教育的要求，"依据做学教合一原则，实地训练有特殊兴味

陶行知像

才干的人，使他们可以按着学生能力需要，指导学生享受环境之所有，并应济环境之所需"。或者说，"教的法子根据学的法子，学的法子根据做的法子；事怎样做便怎样学，怎样学便怎样教"。教是服从于学的，而教、学又是服从于生活需要的。"教学做合一"是最有效的方法。

在"教学做合一"的方法论原则下，陶行知对课程、教材也提出了改造意见。关于课程，尽管他曾说"一切课程都是生活，一切生活都是课程"，似有泛化课程的意思，但在学校课程建设的实践中（如在晓庄师范），他仍具体提出了学校课程编制的设想和计划，这就是以培植学生的"生活力"为追求，遵循学生的需要和可能，由此破除以学科知识体系为原则的课程传统。

"教学做合一"思想在陶行知生活教育理论中的地位至关重要。据他自述，正是"教学做合一"的形成，才使他的思想从"教育即生活"转变成了"生活即教育"，而晓庄师范的"基础就是立在这五个字上"的。这是由于"教学做合一"是生活教育理论的方法论，"生活即教育""社会即学校"

都需借助它得到落实。

1936 年春，陶行知在《生活教育之特质》中认为，生活教育有六个特点，即生活的、行动的、大众的、前进的、世界的、有历史联系的。1946年，他又把生活教育的方针总结为民主的、大众的、科学的、创造的。

陶行知的生活教育理论是一种大众的、为人民大众服务的教育理论。他曾自我评价说，生活教育不是为少数少爷小姐服务的"小众教育"，它与作为装饰品的传统教育完全不同，它不是摩登女郎的金刚钻戒指，而是冰天雪地里穷人的窝窝头和破棉袄。生活教育理论又是一种不断进取创造、旨在探索具有中国民族特色的教育道路的理论。

他曾说过：一个国家的教育无论制度、内容、方法，都"不应常靠稗贩和因袭，而应该准照那国家的需要和精神，去谋适合，谋创造"。生活教育理论正体现了立足于中国实际，"去谋适合，谋创造"的追求。生活教育理论还是在教育观念的改变方面颇有建树的理论。

无论是强调学校教育与社会生活、生产劳动相结合，还是要求手脑并用、在劳力上劳心，都是对学校与社会割裂、书本与生活脱节、劳心与劳力分离的传统教育的批判，显示出强烈的时代气息，至今都富于启示。

陶行知的生活教育理论是我国民族教育理论宝库中十分可贵的遗产，值得我们珍惜并认真研究汲取。

扩展阅读　马礼逊学校

　　马礼逊学校是最早设立于中国本土的、比较正式的教会学校，因纪念西方派到中国大陆的第一位基督教传教士马礼逊而得名。1834 年 8 月，马礼逊在澳门去世。1835 年 1 月，在澳门、广州等地的外国人中开始传阅一份成立"马礼逊教育协会"的倡议书，得到部分传教士和来华商人的签名响应，筹集到 4860 镑基金，并组成了临时筹委会。1836 年 9 月 28 日，马礼逊教育协会在广州美国商馆正式宣告成立，通过了《马礼逊教育协会章程》，确定其宗旨为"以学校或其他方法促进或改善在中国之教育"。与此同时，作为协会各项事业中的重要一项，积极筹备马礼逊学校，并在《马礼逊教育协会章程》的附则部分对马礼逊学校有关学生、教师和课业的原则作了说明，明确学校兼采中英文教科书，教授学生阅读、写作、算术、地理及其他科学知识。学校为学生提供《圣经》课程，并给予指导和帮助，但不作为学生入学的条件（主要是为了避免中国政府和社会的疑忌）。

　　1834 年，伦敦会女传教士郭士立夫人（其丈夫郭士立为德国人）在澳门创办女塾一所。1835 年，马礼逊教育协会筹设马礼逊学校，先期招生男童 2 人，附读于郭士立夫人所设女塾。后来对中国近代留学教育作出重大贡献的爱国人士容闳，便是其中之一。1839 年初，因清政府厉行禁烟政策，

中英关系紧张，英国蓄意发动战争，女塾因此停办。1839 年 11 月，独立的马礼逊学校始在澳门成立，由美国人布朗（1810—1880）主持并任教师。除增添新生外，原附读于郭士立夫人女塾的学生也陆续来校复课。

1842 年 11 月，马礼逊学校迁往香港，成为香港开埠后的第一所学校，随校迁港的学生有 11 名，至 1844 年学生发展至 32 名。学生按程度分第一、第二、第三、第四班，课程包括中文科和英文科，英文科计有天文学、历史、地理、算术、代数、几何、初等机械学、生理学、化学、音乐、作文等课目，中文科计有四书、《易经》《诗经》《书经》等课目。中文科由华人任教，英文科由英美人任教。1847 年 1 月，布朗离港回美，1850 年马礼逊学校因故停办。在马礼逊学校接受教育的学生中，日后知名的有容闳、黄宽、黄胜等人，其中以容闳对中国近代教育影响最大。

马礼逊学校是一所专门为华人开办的学校。它以丰富的西学课程充实了在此求学的中国青年，开阔了他们的知识视野，形成了他们近代社会观念的基础。有些人从此出发，成为近代中国不可多得的人才。

第五章

机械动力

——近代交通文明大发展

近代中国门户大开,外洋风雨,如潮来袭。轮船、飞机、火车等新式交通工具不断涌入,促使中国交通工具走上了科学化的道路。在这一时期,铁路运输的大发展,成为近代中国交通业发展的辉煌见证。

交通规则的革新

民国时代，交通方式最基本的特征就是新旧运载工具的并行。一方面，轮船、火车、电车、汽车等新式机动交通工具迅速发展；另一方面，畜力拉载驮运、人力肩挑以及水路交通中的木船排筏依然盛行。同时受道路等交通设施改善等因素影响，新型人力交通工具包括传入的，如黄包车、自行车，自己改良的，如三轮车、塌车（方言，即人力运货车）等纷纷出现。

民国肇始，前清官员仪仗制度废除，历史久远的最主要的古代交通习惯——官员出行按等级避让制度就此终结，取而代之的是适应新型交通方式、新的交通规则之下的新的出行习俗。

近代的出行习俗与交通规则密不可分。近代交通规则的出现与修订无疑深受西方的影响，因此在设有租界的通商口岸最先出现，时间也早在民国建立之前的清末。

上海可作为其中的代表。近代交通规则在上海出现较早，而且随着市内交通方式的变化而不断修订、完善。先是在黄包车、手推车占道路交通主角的时代，租界当局公布了《手推车规章》。

进入马车时代，1899 年公共租界颁布《巡捕房职务章程》，其中第三十项为《马路章程》，计 17 条，就涉及道路交通，如：驾车者须在马路左边前

行，他车须从他车之右边向前；过桥或十字路口，或转弯之时，应格外缓行，向左转弯，应靠路边，即俗所谓"小转弯"；向右转弯，则须从宽而转，即俗所谓"大转弯"；凡载重之车马等类，其速率不得较速于步行之人；在马路之马或牲口，无论驾车不驾车，应有伶俐之人看管，此人应在随时可以收缰制服之处，不准离开。这些规则一直沿用到民国时代。

20世纪进入机动车时代，尤其是到了已经是民国时代的20年代，电车、汽车开始在上海市内交通唱起主角。与原先已有的各种交通工具相比，电车、汽车肇祸的危害性更大，也因此从一开始就被视为"市虎"，颇受诉议，广州等一些地方直至北洋政府内政部的官员都有拟订取缔"市虎"条例的动议。

1928年，杭州还特别下令已经开业的公共汽车公司全部停驶。但取缔显然是违反社会进步规律的，是行不通的。虽然在一些未通机动车的小镇的道路上依然能如往昔一样悠哉游哉闲庭散步，但这样的地方只会越来越少。"市虎横行，马路本来是'凶地'，汽车原也是件'凶器'，走路人焉可以不小心"，如何在新的形势下形成一套新的出行规范、养成一种新的出行习俗才是最重要的。

1921年初上海就有人编发"上海行路须知"传单，提示行人"凡欲穿过东西马路（如大马路之类），由南向北时，必先向东一看（马路南边汽电各车由东向西），行时再向西看（马路北边汽电各车由西向东），若无车马往来，方可穿过。由北向南者反是。凡欲穿过南北马路（如河南路之类），由东向西时必先向北一看（马路东边汽马各车由北向南），行时再向南看（马路西边汽马各车由南向北），若无车马往来，方可穿过。由西向东者反是。凡过马路时，切不可在电车开过之后随即穿过，盖恐对面所来之车马

一有电车遮蔽，不知有人穿过，最为危险。凡下车时，必待停稳，向后一望，又无往来车马，方可下车，否则立足不稳，易遭误伤。如路旁有月台者，亦须鱼贯上下，不可拥挤。凡往来马路之人，须走路旁之水门汀上，此处无车马往来，最为稳妥"。《申报》在照录该传单后，另加按语，"按上述诸端，为行人防患设想，可谓周到，但尤须各项车辆咸各遵照工部局规定之行车路线行驶，则酿成命案之事，自可减少也"。

这样的提示固然有其积极意义，但在新的交通形势下，要确保道路畅通与安全，更需要相关部门有所作为，制定全新的交通规则。1920年，上海工部局巡捕房就开始起草涉及租界及相关地区的交通规则，1921年1月1日正式对外公布和实行，1923年和1931年又两次对《交通规则》进行修订，并于1931年6月正式公布，共62条，是一部相对完善的上海城市《交通规则》。

上海之外，各地的道路交通管理、设施也在相应进步，同时也在推出自己的交通规则。但因各自为政，连一些基本的规则也未能在全国统一。比如左行还是右行可谓是基本之基本了，竟然也是各行其是，大体而言，在南方，例如上海、浙江、广东，由于受英国影响，左行规则较为普及；而在北方如山东、河北等地，由于受俄国、德国、美国等国的影响，大多采用右行规则。随着公路建设的发展，汽车交通在全国逐渐连为一体，这种局面当然必须改变。

30年代，新生活运动，规定车辆靠左行驶，而在伪满洲国、伪蒙疆政府和日本占领区也采取左行规则。抗日战争期间，美国全力支持中国抗日，随着大量美援汽车（左驾车）按照租借法案运抵中国，靠右行驶逐渐成为大多数司机的习惯。抗日战争胜利后，民国政府规定，自1946年1月1日

起，全国车辆均靠右侧行驶。至此才算有了一个统一的结果。

此外还规定，群众列队游行应靠右行走，与车辆一致；成队行列掺杂车马者，应与车马同样靠右行走；普通行人应在人行道上行走，如无人行道之处，必须靠紧路边行走；所有车辆行人均应听从交通警察之指挥。各地方政府也积极应对，制定了相应的交通规则并广泛宣传。如上海颁布了具体的注意事项：（1）行人注意："搭乘电车、公共汽车，须在车辆右边上下；横越马路，须先左看，行至路中再向右看，注意来往车辆。"（2）驾驶人注意："车辆均须靠右行驶，向右转须走小转弯，向左转须走大转弯；车辆欲超越前车时，应由其左边驶过，惟超有轨电车时，则由右边驶过。"

还有一些人提出了个人的看法与建议，如在上海有人建议，"行人要使其充分利用人行道，不得在街心行走，更不准随意在任何地方穿过马路。行人欲穿过马路者，必须在规定之地方穿过之，以免危险"。

良好的交通习惯不可能于一朝一夕养成，也并非一纸交通规则就能改变一切。民国时代存在着一些在今人看来匪夷所思的不良交通习惯。如上海早期电车不设车门，电车在行驶过程中会有乘客"飞车而上，飞车而下"的惊人举动，著名文化人曹聚仁也曾"自负飞车能手，有一回摔了一跤，就此不敢再试了。其后装了闸门，谁也飞不成了"。直到1922年才装上自动门来避免乘客在车子开动时上下车。

知识链接

女性出行的解放

进入民国，电车、汽车作为公共交通工具普遍起来，尤其在城市中，成为大众化的出行工具，男女挤在同一个狭小空间，男女杂坐已是司空见惯

之事，即使到了晚上也不例外。于是"男女杂坐不以为嫌"成为新的出行习俗，男女授受不亲的礼教观念趋于崩溃。女性出行的解放又导致了相关交通习俗的产生，如让路、让座时男子让女子。

人力交通：黄包车

黄包车，又称人力车，一种用人力拉行的双轮客运工具，1874 年首先由日本输入上海，故而又称东洋车，随后其他地方相继采用。到了民国初年，已经风靡于京、津、沪、汉等大都市，并因 1913 年按规定车身涂上黄色油漆或桐油而被称为黄包车。20 世纪 20 年代黄包车已是大盛，一般市镇都有黄包车载客拉行。至 1920 年代末，"国内各商埠、都会，以至各城镇，几莫不赖以为交通之利器"。

进入 30 年代，延续原有的发展态势。以最先出现黄包车的上海为例，公用黄包车数量，1924 年为 15161 辆，1927 年 17869 辆，1930 年 17792 辆，1933 年 23335 辆，1935 年 23335 辆。二三十年代黄包车的时髦还体现在有钱人以自备豪华黄包车自炫：自己买车，专雇车夫，车篷讲究，车身乌黑，钢圈锃亮；晚上出行，一般的黄包车点一盏灯，考究的自备车点两盏灯；还配备脚垫和绒毯。黄包车的盛行又衍生出乘坐黄包车的特殊习俗，"一些洋行大班或豪商巨贾乘坐黄包车时，并不是直接告诉车夫走哪条马

路，而是用手中的手杖敲击车背来表示行车方向。如果敲的是左车背，示意车子向左转，敲的是右车背，则示意车子向右转。到达目的地后，乘车人便用脚一蹬踏板，车夫便将车子停下"。

当然各地情况并不一致。在上海，20年代末不少普通工人已乘行黄包车，30年代"乘坐人力车者，尽属普通人士"。但在有些地方黄包车还是新鲜事。1931年河北《成安县志》载，该地"民九以后，大邯汽车道筑成，一般民众始知有所谓摩托车与黄包车，但其乘客多为军界、官界、商界一流人物，平民几无人过问"。而1933年甘肃《华亭县志》则载，黄包车"碍于道路不治，交通未便，无用之者"。而在上海，进入30年代，因新式马路修筑而兴盛的黄包车，又因汽车等更先进的新式交通工具的发展，对城市交通的消极影响越来越明显，在1924年就将黄包车的废除提上议事日程，确定了黄包车数量的上限为1万辆。

20世纪30年代，公共租界工部局废除黄包车的进程继续推进，计划于1937年6月以前将黄包车减至9500辆，并且淘汰和遣散了一部分车夫。1937年日本侵华战争爆发后，黄包车非但被废除的进程终止，而且因机动交通工具缺乏而再度快速发展。但是交通发展的大趋势不可逆转。抗战结束，全国性的废除黄包车被提上议事日程，计划三年内完成。虽然最终没有能如期完全废除，但作为常规的交通工具，黄包车已经走到了尽头。

知识链接

滑竿

滑竿可谓是简易的轿子，是南方各地山区特有的人力抬行的交通工具。滑竿制作简单，两根结实的长竹竿，两端绑上尺把长的短杠构成一个担架，

中间用竹片或绳索结成的供乘客坐或半躺的软兜，软兜前系上一个脚踏板。乘客在滑竿上，可坐可躺，视野开阔。天凉时铺上软垫，天热时撑篷遮阳。滑竿尤其流行于山道崎岖的西南山区。

水上交通：轮船

中国水上之交通，向来以帆船为主要的交通工具，以官家漕船为仅有的帆船组织，而管理船只的机关和水上交通的法令，也多疏而不备。

中国海上有轮船，以道光十五年（1835 年），英国的渣甸号开始。中国内河有轮船，以咸丰八年（1858 年）英法船只航行于长江开始。自渣甸号以后，到鸦片战争时，英国轮船来中国海的，约有 20 艘。

鸦片战争后，《南京条约》订立，中国政府把香港割让给英国，以厦门、广州、福州、宁波、上海为通商口岸。于是英国在华南取得良港，而外国船只就能往来于上海、广州之间的中国海岸。咸丰八年（1858 年），《天津条约》订立，除了牛庄、登州、台湾、潮州、琼州为商埠外，也开辟镇江、九江、汉口为沿江商埠，于是外国轮船简直畅行于中国所有的领海中，而英法及其他外国轮船也得以开入长江、直达沿江各商埠了。

同治元年（1862 年），美国那绥公司设立旗昌洋行。四年（1865 年），英人设立省港澳轮船公司。六年，英太古洋行又设立中国航业公司。于是，

沿海及长江各通商口岸尽成外国轮船的势力，给予中国旧式的帆船以极大压迫。咸丰年间，长江一带有河船 3000 余艘，到了同治年间仅存 400 艘。旧日依赖风帆舵桨的船只已充分自示其无能，而轮船所表现的新式机械之力量已使中国有识之士不能视如无睹了。

同治元年（1862 年），中国商人吴南昌等有购轮船四艘以运漕米之议。同治七年（1868 年），江苏省的道员许道身和同知容闳又建议于督抚，制造轮船，分运漕米，兼揽客货。但这两次的拟议，都没有实行。一直到了同治十一年（1872 年），李鸿章才建议设轮船招商局。当时，反对者以为轮船妨河船生计。但李鸿章说："当咸丰间，河船三千余艘，今仅存四百艘。及今不图，将利权尽失。"又说："欧洲诸国闯入中国边界腹地，无不款关而求互市。海外之险，有兵船巡防，而我与彼可共分之。长江及各海口之利，有轮船转运，而我与彼亦共分之，或不至让洋人独擅其利与险，而浸至反客为主也。"李鸿章从经济方面和国防方面着眼，都看出招商局不可缓办。因此，他的主张胜利，而招商局于当年成立。

同年，招商局轮船福星号往来上海、烟台、天津、牛庄，永清号往来上海、香港、汕头、广州，利运号往来上海、厦门、汕头及天津烟台等处，是为中国自置轮船航行中国海上之始。次年，洞庭号、永宁号往来长江，驳转川、汉、津、粤各货，是为中国自置轮船航行于中国内河上的开始。

航行之始：宝顺号

咸丰三年二月十一日（1853年3月20日），太平军攻占南京，清王朝的漕运交通线被截断，江南的漕粮只好改从海路运送到天津。宁波商人立即抓住机遇，迅速建造海船600余艘投入漕粮运输。但是由于当时海盗横行，沿海航线缺乏安全保障，葡萄牙、荷兰、美国、英国军舰乘机介入"护航"，强令每艘漕粮船每次缴纳"保护费"25块银元，并且要求按25艘漕粮船编组列队，先缴纳625块银元之后才能出航。即使是近海渔船，每只也必须缴纳5块银元的"保护费"。

咸丰四年（1854年）冬，宁波商人费纶志、盛植琯、李容等人筹资7万银元，通过上海美商旗昌洋行买办杨坊，购入一艘长51米，排水量640吨的外商明轮船，命名为"宝顺号"，随即招募水手、水勇79人，全部配备火炮、火枪，开始自主护航，首创中国轮船航行之始。

咸丰五年七月初七（1855年8月19日），宝顺号轮船首次出击就击沉海盗船5艘，击毁10艘。七月十四（8月26日），宝顺号轮船又击沉海盗船4艘，击毁6艘，俘获1艘；海盗登岸逃窜之后，被追杀40余人，俘获30余人。七月十八（8月30日），宝顺号轮船再次击沉海盗船1艘，救出被劫持的商船300余艘。七月二十九（9月19日），宝顺号轮船攻入海盗基地

石浦港（宁波市象山县石浦镇），击毁海盗船 23 艘。海盗登岸逃窜之后，被追杀 300 余人。

九月十三日（10 月 23 日），宝顺号轮船深入到岑港（浙江舟山市定海区岑港镇），击沉海盗船 4 艘。九月十四日（10 月 24 日），宝顺号轮船攻入烈港（浙江舟山市普陀区沈家门港），击沉海盗船 8 艘。九月十八日（10 月 28 日），宝顺号轮船再次击沉海盗船 2 艘。十月十八日（11 月 27 日），宝顺号轮船又击沉海盗船 4 艘。仅仅三个半月时间，宝顺号轮船就接连消灭海盗船 68 艘，击毙及俘获海盗 2000 余人，从此名震沿海各地。咸丰六年（1856 年），上海商人也筹资购买一艘外商轮船，命名为"天平号"。此后上海商会与宁波商会约定，以天平号轮船护航上海以北的航线，以宝顺号轮船护航上海以南的航线。江浙海运航线由此畅通，清王朝的漕运生命线得以保全。

1854 年 4 月，湘军首次与太平军交战之后，湘军统帅曾国藩就认识到"湘潭、岳州两次大胜，实赖洋炮之力"，随即进一步加强湘军的火器配备，湘军水师也大量配备洋炮。同治元年（1862 年），曾国藩购置外商轮船一艘，命名为"威林密号"。同治二年（1863 年），李鸿章购置外商轮船一艘，命名为"飞来福号"。同治五年（1866 年）七月，闽浙总督左宗棠筹建"福建船政局"，开始大规模建造轮船。先后参与福州船政局工作的张斯桂、贝锦泉，就是宝顺号轮船的功勋人物，受到曾国藩、左宗棠，以及李鸿章、沈葆桢等"中兴名臣"的器重。同治六年（1867）年，清王朝颁布《华商买用洋商火轮夹板等项船只章程》，明确规定中国商人置办西洋轮船的法律程序。

张斯桂，字"景颜"，号"鲁生"，嘉庆二十一年十二月十五日（1817 年 1 月 31 日）出生于慈溪（浙江宁波市慈溪市）。由于家境贫寒，张斯桂考取秀才之后就设馆授徒，以教书为生。道光三十年（1850 年），美国传教士

丁韪良到宁波传教，向张斯桂学习汉语，同时也教张斯桂学习英语，俩人结为密友。张斯桂由此成为中国近代最先涉及西方文化的先驱者之一，被丁韪良视为"中国文人阶层中最优秀的一类典型。他们是那种古典知识不会导致对现代科学产生偏见的人"。咸丰五年（1855年）春，张斯桂受聘出任宝顺号轮船船长，因表现突出，被官方授予"同知衔候补知县"。同治二年（1863年）五月，张斯桂进入湘军统帅曾国藩的幕府，先后担负主持湘军"安庆火药局""安庆内军械所"的重任。同治三年（1864年）六月，湘军攻占南京之后，张斯桂离职回到宁波经商，很快成为"慈溪富豪"。同治十年（1871年），张斯桂进入福建船政大臣沈葆桢的幕府，受命仿造水雷、电讯，成为中国国产水雷及电讯的奠基人。光绪二年（1876年）十二月，张斯桂以"知府赏加三品顶戴"出任驻日副使。当时的公使何如璋，以及参赞黄遵宪等人，都是一代名流。

陆地交通：火车、汽车

英国人史蒂芬孙发明的"布拉策"号是世界上最早的蒸汽机车，尽管试行暴露出许多问题，但经后人不断完善，很快成为陆上交通的主要工具之一。

火车首次在中国出现是清朝末期。人们对晚清火车的认识，大多源自

那个令人捧腹的"马拉火车事件"。早在道光年间，丁拱臣就曾根据所见所闻，"召良匠督配尺寸，造小火轮车一乘"。但这台长63厘米、宽20厘米、载重30余斤的小蒸汽机车，仅仅算一个模型。1865年，英国商人杜兰德在北京宣武门外试行小火车，但这种做法被清政府视为异类而阻止。1876年，英国怡和洋行的"先导"号蒸汽机车在上海和吴淞间试行，结果也被清政府叫停。由于当时消息闭塞，人们对火车不甚了解，加之火车压死人的事情屡有发生，所以反对之声不绝于耳。

由于史料证据不足，后人不能清晰获知1881年完工的中国第一辆蒸汽机车究竟是出自英国人金达之手还是英国人薄内的夫人之手。可以肯定的是，随着洋务运动的进展，火车逐渐引起了统治者的重视，改变了过去那种对火车的抵制态度，客观上推动了火车制造业在中华大地的发展。1882年，清政府从英国购置了两台小型0-2-0式蒸汽机车，被认为是中国进口机车的开端。与此同时，清政府也派人进行了独立研发的尝试，也取得成功。如1903年，官办的胥各庄修车厂制造了2-6-0式中型蒸汽机车。此外，民营企业求新制造机器轮船厂和扬子机器厂也都在制造蒸汽机车。

民国时期，尽管火车重要部件大多依赖进口且生产带有装配的色彩，但火车制造业仍取得快速发展。以当时生产能力最强的北宁路唐山机厂为例，1924年，该厂主要产品有蒙古式2-6-0混合机车、2-6-2调车机车、天皇式2-8-2货车机车、太平洋式机车。此外，青岛四方机厂、满铁沙河口铁道工厂也都在批量生产机车，而且制造水平逐年提高。1925年，上海上南汽车股份有限公司与上川交通股份有限公司在上海近郊使用的运输机车，被认为是中国最早的小型内燃机车。1936年，北平、通县一带运行汽油机车。1934年，沙河口机厂制成太平洋式机车，车身呈流线型，时速达

民国时期汽车

80公里，牵引的是当时亚洲第一高速列车"亚细亚"号。

德国人卡尔·本茨发明的内燃机驱动三轮汽车是世界上最早的汽车。经过不断改进，汽车已经成为当今陆上交通的主要工具之一。

晚清时期，汽车就已在中国出现。1901年，匈牙利人黎恩斯输入上海两辆汽车并于次年在租界一带行驶。1902年，清政府进口了一辆4马力的汽车，专供慈禧太后在颐和园游玩之用。此后，汽车广泛出现在国内各通商口岸。1907年，中国举办北京至巴黎汽车拉力赛，对汽车的进一步推广影响深远，尽管清政府担心此次汽车拉力赛有"另辟交通新路，窥视中国山川险要"的目的，但拉力赛最终还是成功举办。此后，国人对汽车的兴趣越来越浓厚，甚至有开办汽车公司的呼声，到1911年，仅上海就拥有汽车数百辆。

民国时期，汽车制造业在中国初步发展。1928年，福特汽车公司与中国实业家在上海浦东创办上海公司，业务是装配汽车。1929年，沈阳的民生工厂拆解一台万国牌载货汽车，对其部件进行测绘及重组工作，据此研制成载重1.8吨、自重2吨、6缸汽油机、65马力、轴距142英寸、平均时速40公里、最高时速64公里的国内第一辆汽车——民生牌载货汽车，实现了自主制造汽车的历史性突破。1933年，陕西省汽车修理厂生产了3辆载

货汽车，后又进行一系列改进，制成2辆载重2吨、4缸发动机、平均时速30公里的汽车，"除电器设备及各部所用的滚动轴承不是自制，轮胎由侨领陈嘉庚提供外，其他总成、零部件均自行生产"。同年，中央工业设计研究所研制成一辆单缸汽油3马力小型三轮汽车，标志着中国独立研发汽车的开始。

知识链接

电车

电车是作为城市市内交通工具出现的，分有轨电车与无轨电车。

无轨电车1914年出现于上海，行驶于公共租界。上海是世界上最早使用无轨电车的城市，但是直到1949年，国内也唯有上海一个城市行驶无轨电车。

电车虽然只出现在寥寥可数的几个城市，但在这几个城市中却是公众赖以出行的最通常的市内交通工具。以上海为例，到了20世纪30年代，电车成为市民出门的最快捷的选择。

航空交通：飞机

飞机在我国出现最早是在清朝即将灭亡的时候。辛亥革命后，华侨革命飞行团最初利用南京玄武门旁的一个玄武洲渚为飞机场，而后 1912 年在南京小营设立机场。袁世凯政府时期，除利用南苑机场外，北洋军先后在湖北武汉、四川重庆、湖南麻阳、河北张北、河南信阳、陕西潼关等地建有临时机场。

中国最早的民航飞行是京沪线的北京—天津段。1920 年北洋政府决定先筹备京沪航空线，设立航空事务处筹办京沪航空线委员会，并于 4 月 22 日试飞成功，5 月 8 日正式开航，次年又一度增辟北京—济南段，并开辟北京—北戴河特别航班。自此开始，民航事业日渐发展，陆续筹办京汉航空线、郑（州）西（安）航空线、西北航空线、京奉航空线。

1929 年 5 月成立沪蓉航空管理处，在上海、南京、汉口等地修建 5 个飞行场，7 月便开航上海—南京段。1930 年 7 月成立中美合办中国航空公司，沪蓉航空管理处并入其中，1933 年沪蓉、沪粤、沪平 3 条航线通航，1935 年渝昆线通航，1936 年第一条国际航线广州到越南河内的航线通航。到 1949 年，共有国内外航线 27 条，连接 38 个城市。

但是在整个民国时期，乘坐飞机出行是一件奢侈的事情，对于绝大部

分中国人而言，不可想象，对于出行方式整体的影响并不太大。

中国是世界上最早制造飞机的国家之一。1909 年 9 月 21 日，旅美华侨冯如在美国奥克兰市制造一架莱特式飞机，并成功试飞，高度达 4.6 米，远远超过了莱特兄弟首航高度。1909 年 9 月 23 日，加利福尼亚《美国人民报》即以"中国人的航空技术超过西方"为题，作了报道，在欧美引起了轰动。1910 年 10 月，冯如驾驶自制的另一架飞机在旧金山飞行，创造了 105 公里时速，213 米飞行高度的国际飞行大赛世界新纪录。同年，另一旅美华侨谭根在华侨的资助下，也成功研制出一架水上飞机，"谭根使用这架飞机，参加万国飞机比赛大会，一举夺得冠军"。

冯如等人的成就得到孙中山先生及旅美华侨们的赞许，获得美国国际航空学会颁发的甲等飞行员证书后，冯如谢绝美国多方聘任，带着助手及两架飞机于 1911 年 3 月回到祖国。武昌起义后，他参加了广东革命军，被任命为陆军飞机长。1912 年 8 月，冯如在广州郊区作飞行表演时不慎失事，伤重离世。

1911 年 1 月 10 日，法国人环龙用轮船从欧洲运输苏姆式双翼飞机抵沪进行试飞表演，但机毁人亡。

1910 年 8 月，清政府拨款委任留日归国的刘佐成、李宝竣在北京南苑修建厂棚，制造飞机，次年 3 月，二人在北京南苑研制出第一架国产飞机。

民国时期，航空业有了重大进步。1912 年 4 月 13 日，曾在英国学习飞行的厉汝燕，驾驶爱特立克型单翼飞机，在上海江湾跑马场作飞行表演，首创国人在上海的飞行纪录。1914 年，留法学生潘世忠与留英学生厉汝燕在南苑航空学校又分别自行研制出一架飞机，但由于其实用性不强等原因，反响不大。

中国真正有计划的飞机设计和制造始于海军飞机工程处建立之后。1918年2月，北洋政府海军部在福建马尾海军船政局内，成立海军飞机工程处，着手水上飞机的制造，由巴玉藻、王助等共同负责。1930年，该厂制造了165匹马力的"江鸿"莱提拖式双桴侦察兼教练的水上飞机，并由留美学生航空队长陈文鳞与德国人伯特兰试飞成功，显示出中国当时较高的飞机制造水平。

1918—1930年，海军飞机工程处设计制造出教练机、海岸巡逻机、鱼雷轰炸机等15架，培养出中国一大批航空工程技术人才，使马尾成为中国初期航空工业的摇篮。就在海军飞机制造处成立不久，孙中山先生在广东也建立飞机制造厂，被孙中山誉为"中国航空之父"的杨仙逸出任厂长。1923年6月，杨仙逸领导技术人员研制成中国第一架双翼双座侦察、教练机，该机参考美国"詹尼"式飞机的特点，机身用木料制成，巡航时速120多公里，可携带50磅炸弹4枚，孙中山和夫人宋庆龄亲自主持了试飞典礼，因宋庆龄参与试飞而将该机命名为"乐士文一号"。

在广州期间，该厂共装配生产"羊城号"教练机、歼灭机和轰炸机60余架。经过不断发展，该厂先后仿制苏E-15式驱逐机30多架，厂长朱家仁还成功设计制造了共轴式"蜂鸟"号甲型和乙型两架直升机。1933年10月，中央杭州飞机制造公司成立。该厂装配大小军用飞机100余架，包括："道格拉斯"教练机、"霍克-Ⅱ"和"霍克-Ⅲ"战斗机、"弗利特"教练机、"雪力克"截击机和"诺斯罗普"轻轰炸机等，创全国大批飞机制造新纪录。

民用航空方面，中国起步也比较早。第一次世界大战后，欧美国家开始着手创办民用航空，当时的北京政府碍于颜面，也于1918年在交通部设立

筹办航空事宜处，筹建民航，先后购置了一批不同型号的民航客机，又在陆军支持下于国务院之下设立航空事务处。但两个民用航空管理部门互相倾轧，直到1920年航空事宜处被撤，全国民航事务才统一归航空事务处管理，客运、邮运飞机开始出现在中华大地上空。

知识链接

缆车

建于坡地上便于人们出行的交通工具——缆车，始于香港。早在1882年就成立了香港高山缆车铁路公司，筹建通往太平山顶的缆车，并于1888年5月30日开始营业，成为全亚洲最早的缆车索道系统。全线1350米，中途共设5个停车站。此后直到1945年远隔千里的重庆又建成望龙门缆车。

铁路建设大高潮

随着火车的出现，铁路的修建在清末的中国也出现了高潮。其中有官修铁路，有官商合修的铁路，也有外人修筑的铁路。到清末止，中国官修的铁道有以下各条：

1. 京汉铁路，即卢汉铁路。这条铁道虽倡议于光绪十五年（1889年），但在二十二年（1896年）铁路总公司成立后，才正式兴建。二十四年

（1898 年），卢保段完成。二十六年（1900 年），八国联军将卢沟桥之铁道，展修至北京正阳门。同年秋冬间，保定以南各段，也相继完成。三十一年（1905 年）十月郑州黄河铁桥建成。于是，全线可以直达通车了。全线，共长 1214 公里。初建修时，向比利时借款 450 万英磅，后又借 1250 万法郎。光绪三十四年（1908 年）十二月，此项借款已完全偿清，京汉铁路于是为纯粹国有之路。

2. 京奉铁路，最初修成者，即唐胥铁路。光绪十一年（1885 年），唐胥铁路展修至芦台，又称唐芦铁路。十四年夏，展修至天津，改称唐津铁路。十五年（1889 年），更东展至古冶。十八年（1892 年），东展至滦州，建十七孔铁桥。二十年（1894 年），更东展至山海关，是为关内铁路。嗣后，更向关外展修，迭经困难与停顿，于二十九年（1903 年）展修至新民屯。三十年（1904 年），日俄战起，日本由新民至奉天，筑有轻便铁道。三十三年（1907 年），由中国备价收回新奉路，并以日本所修之路轨过狭，改为宽轨。而在天津以西，则于光绪二十一年（1895 年）冬展修铁道至丰台，复展至马家堡，二十三年（1897 年）七月更展修至北京永定门，二十五年（1899 年）英国军队又展修至正阳门。三十三年（1907 年），新奉路既收回，于是北京至奉天间可以直达通车，全路也改称京奉铁路了。京奉铁路，全线长 849.39 公里。光绪二十四年（1898 年），修筑关外之路时，曾借英金 230 万磅。当时议定，此项借款，以四十五年为期，自第六年起，分年摊还。自应付本之年起到清末不过数年。清亡时，京奉铁路所负之债还是很多的。

3. 津浦铁路，光绪三十四年（1908 年）六月开工，至宣统三年（1911 年）完成，未及通车而清亡。全线，自天津，经德州、济南、泰安、曲阜、兖州、徐州、蚌埠、滁州，至南京浦口，共长 1013 公里。计借款 500 万英

镑，德占有 63%，英占有 37%。后又续借 480 英镑，英德仍各占有一部分。

4. 京张铁路，光绪三十一年（1905 年）开工，宣统元年（1909 年）完工。此路之筑成，全用中国工程师，并全用国款。此为中国以中国人才及财力自造铁道之始。全线自丰台，经北京、昌平、居庸关，抵张家口。京张铁路成后，更有张绥铁路之展筑，但仅筑至阳武，不过一百余公里罢了。

5. 沪宁铁路，于光绪二十九年（1903 年）着手测勘，三十四年（1908 年）十二月全路通车。全线，自上海至南京，共长 311.04 公里。本路修筑时，借款 325 万英镑，后又续借 65 万英镑。本路借款合同，较任何他路之借款更为苛刻，所有路政大权尽落外人手中。

6. 沪杭甬铁路，初名苏杭甬铁路。此路初修时，原分为苏路与浙路。苏路在光绪三十三年（1907 年）正月开工。次年五月，上海至松江通车。十月二十八日上海至枫泾通车。浙路，在光绪三十二年（1906 年）九月开工。三十四年（1908 年），杭州至长安通车。宣统元年，杭州至枫泾通车，与苏路接轨。已成路线，自今上海南站起，至闸口止，共长 186.15 公里。自曹娥江至宁波，仅已铺轨，尚未通车。本路共 150 万英镑。

7. 正太铁路，光绪三十年（1904 年）四月开工，三十三年（1907 年）八月完工，十月通车。全线，自石家庄至太原，用窄轨修筑，与中国其他铁道不同，共长 243 公里。向法国借款 4000 万法郎。

8. 汴洛铁路，自光绪二十一年开始测量动工，宣统元年全线通车。全线，自开封至洛阳，向比利时借款 2500 万法郎，后又续借 1600 万法郎。

9. 道清铁路，自光绪二十八年（1902 年）八月开工，三十三年（1907 年）正月全线通车。全线自道口至清化镇，共长 163 公里。原为英商福公司建造，以为运煤之用。后由政府借款收回，前后共借英金八十万镑。

10. 广九铁路，为中国与英国合筑。自广州至深圳墟为中国段，长 143 公里。自深圳墟至九龙为英国段，长 35 公里。两段都在光绪三十三年七月兴工，而中段完成于宣统三年（1911 年）二月，英段完成于宣统三年八月。中段，借有英金 150 万镑。线自株洲至萍乡，共长 96 公里。全系官款所筑。

11. 吉长铁路，宣统年间修筑。全线自吉林省垣至长春，共长 127 公里。此路由日本人投资二分之一，名虽国有，路政实权实操于日本人手中。

12. 齐昂铁路，1908 年兴工，次年竣工。全线自齐齐哈尔到昂昂溪，共长 31 公里。

其商办者，有新宁铁路，光绪三十二年（1906 年）开办，自广东斗山至北街，共长 221 华里。南浔铁路，光绪三十三年（1907 年）兴工，宣统二年通车至德安站而工务停顿，仅成 50 余公里。借有日本大成会社银一百万两。漳厦铁路，光绪三十三年兴工，至宣统二年（1910 年）十二月，仅完成嵩屿至江东桥间路线，28 公里。潮汕铁路，光绪三十年（1904 年）兴工，三十二年（1906 年）工竣。全线自潮州至汕头，共长 28 公里。以上商办之路，共四线。

除官商办之铁路外，尚有中外合办及由外人承办之铁路。其最著者，为日人经营之南满铁路，俄人经营之中东铁路，德人经营之胶济铁路，以及法人经营之滇越铁路。各国承办或中外合办之铁路所在，外人侵略的力量即随之加强。

入民国后，连年内战，中国陆道建设没有显著的进步。

建立中国"铁道部"

现代中国陆路交通的主管机关，在初创办铁道时，还没有专门的管理机构。光绪十二年（1886年），因李鸿章的奏请，以铁道事务归总理海军事务衙门管理。十七年（1891年），修关内外铁道之议兴，派李鸿章为督办，裕禄为会办。此后，关于关内外铁道者，即由督办专司其责，而仍隶属于海军衙门。

光绪二十二年（1896年），设立铁路总公司，其任务是负责铁路的建设和技术的更新。铁道的行政管理工作仍由海军衙门直辖。光绪二十四年（1898年），统辖矿务铁路总局成立，于是路政始有专门主管机关，脱离海军衙门独立。光绪二十九年（1903年）矿务铁路总局裁撤，所有路矿事宜归并于商部。商部设有保惠、平均、通艺、会计四司，铁路即隶属于通艺司。光绪三十二年（1906年），各项新式交通已逐渐发达。有非商部所能总揽其成者，于是关于交通事宜者，特设一邮传部。专掌船、路、电、邮四政。光绪三十三年（1907年），邮传部设路政司，另设邮传部铁路总局。

入民国后，邮传部改名为交通部。民国二年（1913年）十二月，路政司改名为路政局。民国三年（1914年）七月，路政局被撤销，改设路政、路工、铁道会计三个部门。

民国十七年（1928年）十月，国民政府命令建立铁道部，所有关于铁

路的事情都交给铁道部管理。据《铁道部组织法》第一条所说："铁道部规划、建设、管理全国国有铁道、国道及监督省有、民有铁道"，其职权不仅限于铁道方面，并且兼顾到国道方面了。

铁道部设部长一人，政务次长及常务次长各一人，秘书四人至八人，参事二人至四人，司长四人，科长十二人至十六人，科员一百二十人至一百六十人，技监一人，技正十六人至二十人，技士二十人至三十人，技佐二十人至二十四人。若经行政院会议议决，并得聘用专门技术人员。铁道部之现行组织系统，约如下列：

部长政务次长，常务次长，下设参事厅，计分法制、审核、编订、纂修，四组。

秘书厅，计分机要、编译、图书，三室。

总务司，计分文书、人事、育才、卫生、出纳、事务、劳工、统计，八科。

业务司，计分营业、运输、调查，三科。

财务司，计分理财、债务、产业，三科。

工务司，计分工程、机务、设计，三科。

技监室。

联运处，计分事务、清算，两股。

会计长办公室，计分第一、第二、第三、第四，四科。

此外，尚有东方大港筹备委员会、北方大港筹备委员会、购料委员会等组织。

铁路先驱：詹天佑

在 20 世纪初的铁路建设高潮中，联结北京和张家口的京张铁路干线，是中国近代铁路史上驰名中外的自建铁路。京张铁路是近代中国第一条自建的干线铁路，从勘探、设计到施工，完全由中国人自己承担。京张铁路的建成，与中国自建铁路的创始人、京张铁路的承办人和总工程师——詹天佑是分不开的。

詹天佑是我国近代科学与工程技术史上的先驱、杰出的爱国知识分子。19 世纪 80 年代，他投身于中国铁路事业，一度主持京张、川汉、粤汉等铁路的设计和施工。他为发展我国早期铁路事业呕心沥血，奋斗终生。詹天佑在帝国主义列强面前大义凛然，勇敢提出"各出所学、各尽所知，使国家不受外侮，以自立于地球之上"的口号，代表了中华民族百折不挠的高尚民族气节。

詹天佑小时候就对机器十分感兴趣，常和小伙伴们一起用泥土捏成各种机器模型。有时，他还把家里的自鸣钟偷偷拆开，摆弄和琢磨里面的构件。1872 年，12 岁的詹天佑考取了由清政府筹办的"幼童出洋预习班"。不久，他辞别父母，怀着对西方"技艺"的憧憬，赴美留学。

在美国，出洋预习班的同学们目睹了西方科学技术的巨大成就，对中国的前途产生悲观情绪，詹天佑却坚定地说："今后，中国也要有火车、轮

船。"他怀着为祖国富强而努力的信念，刻苦学习，于 1876 年考入耶鲁大学土木工程系，专攻铁路工程。1881 年，他在毕业考试中名列第一。之后，他谢绝了美国老师的挽留，毅然回到了贫弱的祖国。

回国后，詹天佑怀着满腔热情准备把学到的本领贡献给祖国的铁路事业。但是，他竟被阴错阳差地派遣到福建水师学堂学习海船驾驶。1882 年11 月，詹天佑被派往旗舰扬武号任驾驶官，参加了中法战争。战斗期间，詹天佑冒着猛烈的炮火，沉着指挥扬武号左突右冲，避开敌方炮火，抓住战机以尾炮击中法军旗舰伏尔他号，使法军司令孤拔险些毙命。同时，他在紧要关头从水中救起多人。

后来，詹天佑几经周折，转入中国铁路公司，担任工程师，从此献身中国铁路事业。刚上任不久，詹天佑就遇到严峻考验。当时的滦河铁路桥方案经英、日、德三国工程师先后设计，均告失败。詹天佑认真总结了三国工程师失败的原因之后，亲临一线与工人一起进行实地调查，精密测量。经过仔细比较，他最后确定了桥墩的位置，并且大胆采用新方法——"压气沉箱法"完成了桥墩的施工。詹天佑的建桥方案果然成功了。

滦河大桥初战告捷，但他却面临着更为严峻的考验。1905 年，清政府决定兴建北京至张家口的铁路。关键时刻，詹天佑勇敢地接下了这个艰巨的任务，全权负责京张铁路的修筑。消息传来，举世皆惊。一些人甚至攻击詹天佑"狂妄自大""不自量力"。詹天佑顶着压力，表示："中国已经醒过来了，中国人要用自己的工程师和自己的钱来建筑铁路。"

1905 年 8 月，京张铁路的勘探、选线工作开始了。詹天佑亲自带着测量人员，背着各种仪器，日夜在崎岖的山岭上奔波。一天傍晚，狂风卷着沙石，刮得人睁不开眼。测量人员着急回去，填个数字就从岩壁上爬下来。詹

天佑问："准确吗？"测量队员说："差不多。"詹天佑严肃地说："技术的第一个要求是精密……"说着，他冒着风沙，背上仪器重新攀到岩壁上，认真地复勘一遍，修正了一个误差。当他下来时，嘴唇都冻青了。

不久，铁路施工进入最困难的阶段。因为八达岭、青龙桥一带，崇山峻岭，需要开凿

詹天佑像

四条隧道，其中最长的达一千多米。詹天佑经过精确测量，比对各种方案，决定采取分段施工法：从山体南北两端同时对凿，然后在山的中段开一口井，在井中分别向南北两端对凿。这样大大加快了工程的进度。凿洞时，大量石块都要人工挖，涌出的泉水也要人工挑出。詹天佑与工人同吃同住，同挖石，同挑水。他鼓舞大家说："京张铁路是我们用自己的人、自己的钱修建的第一条铁路，全世界的眼睛都在望着我们，必须成功！"

1909 年 8 月，京张铁路全线 201 公里竣工，前后只用 4 年时间，比预计提前两年，比外国人估计的经费节省了 5/7，而且还结余 28 万两白银，完全达到了詹天佑预先提出的"花钱少，质量好，完工快"的三个要求。

京张铁路的建成，使中国人感到扬眉吐气，工程界更是引以为豪，他们说："铁路工程既可以中国人独立筑之，将来一切矿务机械制造等事，皆可以中国人自为之"，"他日传其技于四万万同胞，良工云起，我中国之兴嗟

矢矣。"在通车典礼上，那些瞧不起中国人和等着看笑话的洋工程师对京张铁路的八达岭、青龙桥等工程，给予高度评价，誉之为"绝技"。为了庆祝和纪念京张铁路通车，邮传部特地送发各界人士免费乘车券，让他们乘车游览观赏，并优待所有乘坐京张线路的旅客，免收车运费 20 天。而对人们的啧啧称赞，詹天佑却谦逊地表示："这是京张铁路一万多员工的力量，不是我个人的功劳，光荣是应该属于大家的。"

京张铁路是中国近代铁路史上的一朵奇葩，为全国铁路建设做出了榜样，鼓舞了各地自办铁路的信心。此时中国已修成的 9400 公里铁路中 2/3 以上为外国人控制。为了发展中国自办铁路，詹天佑不辞劳苦。1910 年他主持川汉、粤汉两路建设。辛亥革命后，川汉、粤汉两路合办，他又担任会办兼工程师；1914 年任汉粤川铁路督办。直到 1919 年 4 月 24 日逝世，詹天佑为中国铁路事业鞠躬尽瘁，死而后已。

詹天佑是近代中国一位杰出的铁路技术专家。人们为了纪念这位"为中国人争了一口大气"的中国铁路事业的先驱，专门在青龙桥车站，为他树立了铜像，让后人世世代代铭记他的贡献。

扩展阅读　钱塘江大桥

浙赣铁路杭州出发站设在钱塘江南岸，与国有铁道沪杭甬线的杭州闸口站相隔钱塘江，使两条干线无法接通。

1934 年 5 月，浙江省政府成立钱塘江工程处，任命茅以升为工程处处长，罗英为总工程师，负责大桥的设计和施工。9 月，铁道部和浙江省政府达成协议，合建钱塘江大桥，建桥经费 500 万元由双方各承担半数，完工之后双方合组大桥管理委员会，双方收入专款储存，用于维护大桥工程。

钱塘江大桥设计为双层铁路、公路两用桥，全长约 1387 米。桥址选定在杭州闸口六和塔附近。由中国专家和工程技术人员勘测选址、设计建造铁路、公路两用大桥，这在中国铁路建筑史上尚属首例。

1935 年 4 月大桥正式开工。桥墩工程由荷兰治港公司承建。桥梁工程由英国道门郎公司承建，日夜赶工，进展迅速。1937 年"八一三"抗战打响之后，工程进度更是加速，于 9 月 26 日通车。时淞沪战事正激烈，钱塘江大桥通车后立即担负起铁路、公路军运任务。该桥对于转运物资至大后方起了重要作用。12 月 22 日，杭州沦陷前夕，为避资敌，钱塘江大桥被炸毁。

第六章

巧借西风
——近代科技与通讯文明的崛起

近代科学技术自19世纪传入中国以来,经历了一段非同寻常的曲折过程。近代中国科技刚刚崛起,天文、地理、出版、印刷、邮电、电信等不同领域便在西风的吹拂下形成了崭新的气象。

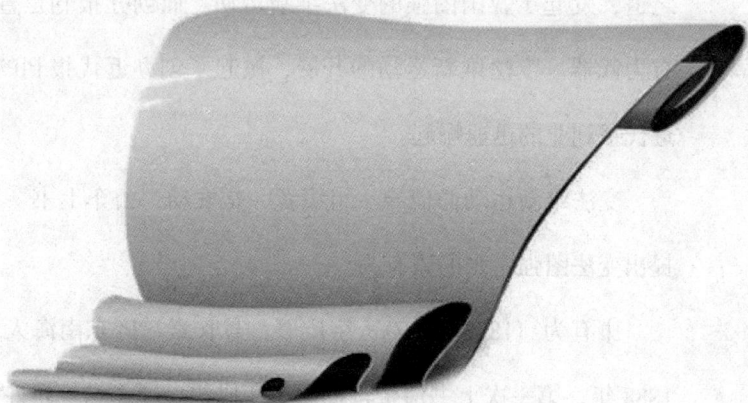

近代报刊业崛起

　　国人自办近代报刊，自 19 世纪六七十年代发端，到 19 世纪末叶，数十年间，数量很少。虽开中国近代报刊之先河，但因清政府限制等原因，始终没有得到应有的发展。中国近代报刊崛起，是随着甲午战败后国内维新运动的开展逐渐形成的，此后，中国的近代报刊，又在辛亥革命、"五四"新文化运动、国共两党新闻事业的发展、抗日战争时期救亡报刊的涌现等波澜壮阔的革命和反侵略斗争中，逐步走向兴盛、普及与繁荣的。

　　甲午战败，清政府与日本签订了丧权辱国的"马关条约"，随后美、英、法、德、俄等帝国主义为在中国攫取更多的权益而展开激烈争夺。中国处于空前的、民族危亡的境地。国难当头，迫使一些爱国知识分子谋求救国之道，发起了救国图强的变法维新运动。而创办报刊是宣传和鼓舞民众的有力武器。变法维新运动的开展，掀起了创办近代报刊的高潮，导致中国近代报刊业的迅速崛起。

　　变法维新运动的倡导、组织者，是发动"公车上书"和四次上书清帝、提出变法图强主张的康有为。

　　康有为（1858-1927），字广厦，号长素，广东南海人，光绪年间进士。1888 年，第一次上书清帝，提出"变成法、通下情、慎左右"，以图中国之

富强。1895 年，利用在京会试之机，联合 1300 余名会试举子，发动了"公车上书"，提出拒签和约（马关条约）、迁都抗战、变法图强等要求。康有为的变法维新虽受到清政府顽固派的抵制，四次上书仅第三次传到光绪手中，其他三次均被顽固派隐匿；但也在北京引起了很大的轰动和注意。翁同龢等不少帝党官僚同康有为来往频繁。

以康有为为首的维新派很重视报纸的宣传功能。康有为给清帝的"万言书"中的第四条，就是主张办报，说："四日设报达聪。……宜令直省要郡各开报馆，州县分镇亦令续开，日月进呈，并备数十副本发各衙门公览，虽宵旰寡暇，而民隐咸达，官慝皆知，中国百弊，皆由蔽隔，解弊之方，莫良于是。至外国新报，能言国政，今日要事，在知敌情，通使各国著名佳报，咸宜购取，其最著而有用者，莫如英之泰晤士，美之滴森，令总署派人每日译其政艺以备乙览，并多印副本随邸报同发，俾百寮咸通悉敌情，皇上可周知四海。"

可见，在给清帝的万言书中，康有为是将"办报"作为改良政治的重要内容提出来的。客观上，维新派是把办报作为推动变法运动的主要手段，通过办报来进行变法的舆论准备。在 1895 年创办了维新派的第一家报纸《万国公报》。该报因与外人李提摩太主持的广学会机关报重名而更名为《中外纪闻》。随后，康有为亲赴上海，在上海组织建立了强学会上海分会，并于 1896 年 1 月 12 日创办了《强学报》。其中：《中外纪闻》由中国传统的木活字版印刷，由梁启超、麦孟华主编，在出版《京报》的民间报房排印，是双日刊，册装式，与《京报》相似，由报贩随《京报》免费送给在京官员阅读；《强学报》由康有为的另两个弟子徐勤、何树龄主编，用铅活字排印。

　　1896 年之后，维新变法趋于高潮，政府对办报的限制此时有所松动，维新派迅即在全国各地创办了数十家报刊，出现了中国近代报刊崛起中的第一个办报高潮。主要有上海的《时务报》、湖南的《湘报》和《湘学新报》、澳门的《知新报》、天津的《国闻报》等。

　　其中，《时务报》系维新派的机关报，旬刊，创刊于 1896 年。该报以刊登宣传变法的政论文章为主，初创时销量 4000 份，一年后增至 1.3 万份，是一份全国销量最多、影响最大的报纸。报馆在上海四马路建有印刷工厂，用连史纸石印，印刷品质精美。除承担本报印制任务外，印刷工厂还曾印发《大清一统志》《墨子闲话》《代数通艺录》等图书。该报主笔梁启超，总经理汪康年。梁启超于此报功勋卓著。

　　《湘报》是湘南地区维新派政治团体"南学会"的机关报，创办于 1898 年 3 月 7 日，前身是 1897 年 4 月 22 日在长沙创刊的《湘学新报》。该报为十六开书本式日刊，周日休刊。由谭嗣同、唐才常倡办，主编唐才常，编撰谭嗣同。为创办《湘报》，由熊希龄亲赴上海，购来四开铅印机一台和相应铅字设备材料，并从上海、汉口请来铅印技术工人任教习，培训报馆职工。

　　《知新报》系中国南方维新派创办的重要报刊，1897 年 2 月创刊于澳门。主笔徐勤、何树龄；经理康广仁、何廷光。初为五日刊，后改旬刊、半月刊。

　　《国闻报》于 1897 年 10 月 26 日创办于天津。系维新派创办的第一家日报，由严复创办并主编。创刊不久，又增出旬刊《国闻汇编》。严复创办《国闻报》的宗旨是"通上下之情""通中外之故"。故二报分工：《国闻报》专登国内之事；《国闻汇编》专刊国外之事。二者均用铅字排印。

　　康有为、梁启超、谭嗣同、严复等维新派的办报活动，大大推动了维新

运动的开展；而维新运动的发展，又反过来给办报活动以巨大推动。在维新运动的影响下，光绪皇帝于 1898 年 6 月正式下令实行变法，并开报禁，准许官民自由办报。加之，孙中山领导的辛亥革命的爆发，将中国近代报刊业推上了民族近代报刊业崛起中的第二个高潮。

民营出版业出现

中国民营近代出版业的出现，要晚到戊戌维新运动时期。它的崛起标志着近代中国出版事业的发展开始了根本性的转折：它不仅打破了教会和官书局的垄断局面，而且随着自身发展迅速壮大，很快取代后者占据主导地位，从而使中国近代出版事业的面貌为之一新。

中国近代民营出版业"创始之者，实为商务印书馆"。商务印书馆 1897 年创设于上海。之后，民营出版机构纷纷建立。到 1906 年，据同年上海书业商会出版的《图书月报》第 1 期统计，仅入会的民营出版社已增至 22 家：商务印书馆、启文社、彪蒙书室、开明书局、新智社、时中书局、点石斋书局、会文学社、有正书局、文明书局、通社、小说林、广智书局、新民支店、乐群书局、昌明公司、群学会、普及书局、中国教育器械馆、东亚公司新书店、鸿文书局、新世界小说社等。

需要指出的是，1902 年清政府颁布学堂章程后，教育用书受到重视。

次年，张百熙等在《学务纲要》中特别提出，教科书"应颁发目录，令京外官局私家合力编辑"。到 1906 年，学部第一次审定初等小学教科书暂用书目，计审定教材 102 册，而由民营出版业发行的 85 册，占全部 80% 以上。由此可见，至少在 1903 年前后，中国出版业的重心已由教会和官书局转移到了民营出版社。

民国成立后，新添了中华书局（1912 年）、大东书局（1916 年）等，出版社数目迅速增加。中国出版业的发展已非清末时期可比。

近代中国在出版界最享盛誉的，是商务印书馆和中华书局。

商务印书馆创始人是夏瑞芳、鲍咸恩、鲍咸昌、高凤池等人。1897 年初创时，仅经营印刷一项。1902 年扩建，设编译所，并聘南洋公学译书院院长张元济任经理和编译所所长，主持编辑大政。由是，商务印书馆从单纯印刷业发展为以出版为主的企业。其资本迅速扩大，初创时不过 4000 元，到 1905 年增至 100 万元，1920 年更达 300 万元。同时，分馆、支馆、分店、分厂遍布全国各大城市，多达 33 处，成为全国最大的资本主义出版企业。

商务印书馆出版的图书可分四类：

一是编印新式教科书。为适应新学堂的需要，商务印书馆首创《最新教科书》。民国成立后，又编印《共和国教科书》。1902 年至 1918 年，出版中小学物理、化学、生物、代数、几何、植物、动物、矿物、国文、历史、地理、修身等各种教科书，共约 290 多种。

二是自然科学书籍。1902 年至 1930 年，共出版自然科学与应用技术书籍 1031 种，1158 册。历时 12 年于 1918 年 2 月才编成出版的《植物学大辞典》，被公认是我国植物科学第一部鸿篇巨制。

三是翻译西方学术著作和小说。前者如严复翻译的《天演论》《社会通诠》等8种名著，从1903年起先后出版；后者如林纾翻译的《巴黎茶花女遗事》《黑奴吁天录》等170余种风行一时的外国小说。

四是编译英语读物和编辑英汉辞典等工具书，如《华英初阶》《华英音韵字典集成》等。此外，还编辑出版《东方杂志》《教育杂志》《小说月积拾级》等，多是由这里翻译出版的。

中华书局于1912年1月1日由陆费逵筹资创办于上海。创立之初，以出版中小学教科书为主，并印行古籍、各类科学、文艺著作和工具书等。

中华人民共和国成立后，中华书局于1954年5月迁址北京，1958年改为以整理古籍为主的专业出版社，在整理出版古籍和学术著作方面更有长足的进展。百年来，中华书局整理出版了一大批典籍力作，累计出书两万余种，在海内外享有较高声誉。

引进凸版印刷术

凸版印刷术，是用图文部分高于空白部分的凸版进行印刷的工艺技术。中国发明并沿用千余年的传统印刷——雕版印刷和活字印刷皆属之。西方传入中国的近代凸版印刷术，按其传入时间先后，有铅活字版印刷，以铅活字版为母版的泥版、纸型翻铸铅版印刷和照相铜锌版印刷。其中，以铅

活字版直接印刷传入为始。

铅活字版直接印刷工艺传入中国，印刷中文书刊，首先要解决中文铅活字的制作技术问题。中文铅活字制作的研究，早在铅活字印刷术传入中国之前已经开始，只是早期西文书中的汉字，字体歪斜，很不美观，质量上与中国乃至东方各国制作的金属活字是无法比拟的。

铅活字版印刷术，是用铅活字排成完整版面进行印刷的工艺技术，中国古已有之。所不同者，西方传入的近代铅活字印刷术的铅活字，是用铅、锑、锡三种金属按比例配比熔合而成，并使用机器印刷，是一种比中国传统的铅活字印刷术更为先进的印刷术。其传入时间，一般均以马礼逊在广州雇人刻制中文字模的 1807 年为始。

西方铅活字印刷传入中国，在中国印刷中文书刊，首要的是数以万计的中文铅活字的制作问题。1807 年马礼逊在广州、1815 年马施曼、托汤姆氏在澳门雇人镌刻中文字模，首开其端。其后，西方各国纷纷效法。

中国传统的活字印刷，曾采用过元朝王祯发明的转轮排字架和清朝武英殿字柜等设施进行拣字、排版。到了近代，美华书馆姜别利于发明电镀华文字模之后，又致力于华文排字架的改良。他首先以美华书馆印刷的《新旧约全书》等 28 本书中使用的汉字为依据，进行汉字使用频度之检测，并根据所获得的统计资料将汉字按其使用频度分成 15 类，再将这 15 类汉字归纳、划分为常用字、备用字和罕用字三大类，造木制汉文"元宝式"活字架以盛之。排版时，拣字者于中站立，就架取字，颇为便利，大大提高了活字排版速度。这是姜别利为中国近代铅活字版印刷的发展作出的重要贡献。

19 世纪初期，由西方传入中国的铅活字制作技术，字模为镌刻，铅活字为铸造，这本来是中国古之成法。此后，铜模制作可谓日新月异，铅活字铸造也随之改进，并由手工操作向机械化发展。起初，浇铸铅字用的是手拍铸字炉，每小时仅能铸字数十枚。后来改用脚踏铸字炉和手摇铸字炉，速度增至每小时铸字七八百枚。到民国初年商务印书馆引进"汤姆生自动铸字炉"，不仅铸字已日造 1.5 万枚，且铸出铅字不必加工即可直接使用。至此，铸字技术已臻于成熟。

泥版、纸型浇铸铅版制成的印版，通常称其为"复制版"。复制版的制作工艺，是首先按要求排成与铅活字版直接印刷完全相同的活字版，再以活字版为母版用泥或专用厚纸压制成称作泥型和纸型的阴文型版，然后用泥型或纸型浇铸铅版，最后用铅版（整版）作为印版装机印刷。这一工艺技术的发明和应用，标志着近代的凸版印刷发展到一个新的阶段。泥版浇铸铅版之法的最大弊端，是一经浇铸铅版，泥版必碎，无法保存。而铅版一经损坏，亦无法再行浇铸。要重印，则需再重新排版。可见，泥版并未克服活字版之弊，不久即为新发明的纸型所取代。

纸型的发明应用，使凸版铅印技术趋于成熟。铅活字版排好后，一经打成纸型，即可拆版还字，留存纸型待用。纸型不仅便于保存，且因其轻便，可以运往遥远的外地，多地印刷。为书刊尤其是报纸的印刷与发行，创造了良好的条件。纸型传入中国的时间，约在光绪中叶。当时日本人在上海开办的修文书局曾使用。

凸版印刷术的进一步发展，是照相术应用于印刷制版而出现的照相铜锌版的发明和应用。此前虽有电镀铜版、石膏版和黄杨版之发明应用，但因其各有不足之处而均未久行。最有成效的，除纸型铅版之外，当属照相铜锌版的传入和应用。

照相铜锌版包括照相铜版和照相锌版，习惯上合称铜锌版。由法国人稽禄脱发明于 1855 年，19 世纪末传入中国。以其发明与传入前后次序，有单色照相锌版和铜版，二色、三色、四色彩色照相网目铜版之试制和应用。其中，前者为单色凸版，后者为彩色凸版。

照相铜锌版发明初期，为单色线条图照相凸版，图面无浓淡层次之分。1882 年，德人縻生白克发明照相网目版，将照相制版术向前推进了一大步，遂有单色照相网目铜版和二、三、四色照相网目铜版之创制，为照相制版术的进一步发展和应用开辟了广阔的发展前景。

凸版印刷机械，主要包括凸版制版机械和凸版印刷机械两部分。其中，凸版制版机械主要是用于活字制作的铸字机械和用于翻制复制版的压型机，以及照相术用于凸版制版后出现的制版照相设备；凸版印刷机械则主要是各种凸版印刷机。这些机械设备，尤其是早期的比较简单的机械设备，因其在欧洲已在应用中，因此多是直接来自西方或经日本传入中国。其与各种凸版印刷术同时传入，也是必然。

凸版印刷制版机械进入中国，当以明万历十八年（1590 年）欧洲耶稣教士在澳门出版印刷拉丁文《日本派赴罗马之使节》为最早。既然在澳门排印，自然用的是从欧洲运来的铅印设备。这批设备虽然进入中国较早，但因其在澳门，排印的又是西文，国此没有对内地造成影响。

引进平版印刷术

平版印刷术，是用图文与空白部分处在同一个平面上的印版（平版）进行印刷的工艺技术，始于奥人塞纳菲尔德发明的石版印刷，主要包括石版印刷、珂罗版印刷和橡皮版印刷三种印刷方式。其中，石版印刷和坷罗版印刷以及曾一度采用过的铅版印刷，系印刷版面与承印物直接接触，从而将印版上的图文直接转印到承印物上去的直接印刷；橡皮版印刷，则是先将印版上的图文转印到橡皮布上形成橡皮版，再由橡皮版与承印物接触，进而将印版上的图文间接转印到承印物上去的间接印刷。橡皮版（大陆称作胶版）间接印刷的发明，是平版印刷术的一项重大改革，对平版印刷的进一步发展乃至整个印刷事业的发展具有重要意义。

石版印刷是以石板为版材，将图文直接用脂肪性物质书写、描绘在石板之上，或通过照相、转写纸、转写墨等方法，将图文间接转印于石板之上，进行印刷的工艺技术。其中，前者称作"绘石"，后者称作"落石"。绘石和落石是石版印刷术的两种制版方法。绘石制版工艺简单，但只能用来印刷简单、线条图文印件，是石版印刷发明初期应用的工艺技术。落石制版工艺复杂，是在绘石制版基础上发展而成的工艺技术，分彩色石印和照相石印两种，是进一步发展了的石版印刷术。

石版印刷传入中国的时间，大约在 19 世纪 30 年代初。据 1833 年出版的《中国文库》介绍，英国传教士麦都思曾于 1830—1831 年间在巴塔维亚（今印度尼西亚雅加达）用石印术印刷中文书籍。随后他来到澳门，在澳门设立了一个印刷所。1832 年，麦都思又在广州设立了一个石印所，用石印术在广州印刷中文书籍。另外，马礼逊在回顾他 25 年来的工作时，曾提到中国最早的石印工屈亚昂，他说"亚昂已学会了石印术"。麦都思在广州设立石印所和马礼逊对他 25 年工作之回顾，均发生在 1832 年，且屈亚昂学会石印术又自需时日，由此可以断定，石版印刷传入中国的时间不会晚于 1832 年。美国传教士卫三畏在 1833 年说："上季一个石印所开设在广州，我们高兴地知道它是成功地在运行。"为此提供了另一个文献证据。

珂罗版是以玻璃为版基，在玻璃板上涂布一层用重铬酸盐和明胶融合而成的感光胶制成感光版，经与照相底片密合曝光（晒版）制成印版进行印刷的工艺技术。

珂罗版印刷传入中国的时间大约在光绪初年，当时上海徐家汇土山湾印刷馆首次用珂罗版印刷了"圣母像"等教会图画。同时，英商别发洋行也曾采用珂罗版印刷。由于珂罗版印刷美术书画极其精美，故不久即为国人所引用。

创建近代邮政业

鸦片战争之后，浙江宁波等地开始创建民间邮递的私营机构，被称为"民信局"。

据 1921 年交通部《置邮溯源》所言，"民间使用的邮政似乎不早于明朝永乐年间（1403—1424 年）。在这个时期以前，除了供王事之用的邮政以外，民用邮政还没有充分组织起来或加以系统化。按照当时的习俗，高级官吏出门做官，在他的随从人员中，总有一位顾问，叫作'老夫子'，除备咨询之外，还兼做文案；正是由于这些'老夫子'，私营邮政公司——民信局才因而产生。'老夫子'几乎全部是浙江绍兴人，而绍兴的海口又是宁波，所以这些民信局最初在宁波产生，而终于成为全国私营民信局组织的总枢纽""这种制度，服务人民，既久且佳，但从全国观点看,它的致命缺点是只发展有利可图的路线，而忽视入不敷出的地方""清朝中叶以后，民信局大大发展，达到最盛期。不仅遍及国内各大商埠，还把业务扩大到东南亚、澳大利亚、檀香山等华侨聚居地带。在东南亚一带，民信局又称'侨批局'，仅新加坡一地，清朝末年时侨批局就达 49 家之多。有些侨批局，甚至一直活动到本世纪 40 年代"。

国内的民信局经营机构，也发展到福建、广东、山东，以及天津、湖

北、湖南、江西、四川、云南、贵州等地，数量达上千家，同时也出现"地信局""轮船信局""侨批局"等不同称谓，业务内容也由单一的递送信件，扩展到邮递包裹、经办汇兑。到1934年3月1日，民信局即将被民国政府取缔之前，全国仍存有民信总局380家，分局922家。

近年来已经先后发现清代道光、咸丰、同治年间的民信局信函、信封、古碑、招牌、印章、邮戳等实物原件，证实了当年民信局的活跃。据研究，清代的民信局，以"总局""分局""代办处"为系统，各字号之间普遍实行业务协作，有些甚至已经开始实行联号合营。当时较大的民信局，其资金多达数十万两纹银，较小的民信局则仅有数千两投资。

民信局内部除有老板之外，还设有管柜、账司、挑夫、脚夫、杂役、厨役等分工，月薪约2—5串制钱 (约485—1212元人民币)。民信局的信资收费标准并不统一，大体上是本县范围的平信收费24文制钱 (约5.82元人民币)；长江南岸的平信收费60~70文制钱 (约14.55—17.06元人民币)；长江北岸的平信收费100—200文制钱 (约24.25—48.5元人民币)。如果是从宁波寄到江西、湖南、山东、天津的平信，则加倍收费。挂号信件除加倍收费外，还要加收"挂号费"。汇兑业务一律以现金入汇，采用汇票方式传递，到目的地领取现金，汇兑费大约是汇兑金额的百分之一。

所谓"麻乡约"，就是肇始于重庆的一家民信局，后来发展到云南、贵州、四川等地。近年来已经先后在重庆市綦江县东溪镇，以及四川、贵州、云南、湖北等地发现麻乡约的各种遗物。麻乡约的创建者名叫陈洪义，又名陈鸿仁，是重庆市綦江县号坊乡陈家坝（新盛镇陈家村）人。由于陈洪义长期在外当轿夫跑码头，又有一脸麻子，因此外号人称"陈跑通"或"陈麻乡"。

咸丰二年（1852年），唐树义之子唐炜出任四川布政使司藩库大使，雇轿子到重庆上任，陈洪义不仅服务热情，而且照顾周到，深得唐树义父子的赏识。此后陈洪义在唐树义父子的支持下，开始利用抬轿子的交通之便创办麻乡约，提供邮件递送服务。同治五年（1866年），陈洪义到重庆市渝中区白象街开办总号，命名为"麻乡约大帮信轿行"，从此逐渐形成遍及川黔滇各地，兼营客运、货运、信件、包裹，及汇兑业务的私营交通企业。

麻乡约的客运工具主要有官轿、小轿和滑竿，各有明码标价。长途客运被称为"长路轿子"，顾客可以选择一轿直达的"包送"，也可以选择逐站传递的"打兑"。长途起轿之前，麻乡约交给顾客一份清单（契约），载明起止站点、付费金额，以及服务内容；送到目的地之后，轿夫照单收费，并按规定上交大约10%的管理费。

据资料显示，当时从重庆到贵阳的轿程，一般需要走15天，收费11块银元（约1920元人民币）。如果继续走到云南、越南、缅甸等地，收费标准就大有提高，被轿行内部称之为"红差"。据资料记载，麻乡约每天从重庆起程的轿子，少则30—50乘，多则70—80乘，最多时可以达到上百乘。轿夫起轿之后，沿途浩浩荡荡，吆喝声此起彼伏，确实是当时驿路上一道颇有韵味的风景线。

麻乡约的货运业务，主要活跃于重庆到贵阳、昆明，重庆到成都的交通主干线，光绪末年（1909年），逐渐拓展到越南、缅甸，与云南各地的马帮和船帮形成合作关系。麻乡约的货运方式，基本上是肩挑背扛，如有大宗商品的托运，则临时雇用骡马。当时运输的主要商品是销往越南、缅甸的丝绸、茶叶、工艺品、锡制品，以及护送灵柩的所谓"黑差"。由于麻乡约的货运注重货物保护，并且严格守时、守约，因此深得商家好评，生意

一直比较兴隆。

麻乡约的经营特色，就是始终对外坚持保证质量、保证时间期限，注重信誉，严格实行按约赔偿制度；对内实行层层负责，待遇明确，赏罚分明。员工生病时，可以提供药丸，工作沿途设有客栈、茶馆，可以免费提供员工食宿及娱乐，甚至于在贵阳小关还设有员工墓地，对伤病员工也有一定的抚恤制度。

民国初年（1912 年），麻乡约的业务出现萎缩，开始将资金转入房地产，很快就购置了綦江等地的土地 1200 余亩，以及綦江南门桥一带大量房产。同时又购置了重庆市渝中区绣壁街、凤凰台、响水桥、麦子市、二牌房、金马寺、南纪门等多处大院，并且在昆明、贵阳、遵义、泸州等地也购置了大批房地产。1934 年，国民政府虽然明令禁止民信局的经营活动，但是麻乡约仍然以"总承包"方式继续活跃于部分交通路线。

翻译家：李善兰

李善兰是中国近代科学的先驱者和传播者，他还与伟烈亚力合译《谈天》一书，于 1859 年出版。这一书使中国天文学走向近代化进程出现转机。然而更值得崇敬的是，李善兰在翻译工作中，创造了许多古所未有的天文、数学和力学专门术语这些名词，不仅行于中国，还流传至日本，演用至今。

李善兰于同治七年（1869年）到同文馆履任，第二年，被钦赐中书科中书，时年60岁；两年之后，加内阁侍读衔。同治十一年，发表《考数根法》，提出数根（即素数）的判别定理，即判别一个自然数是否为素数的方法，今人称为李善兰定理。这是我国最早的一篇研究素数的论文，并指出

李善兰像

其逆定理不成立。同治十三年，升户部主事。光绪二年（1876年），升员外郎，品秩为五品卿衔；三年，编撰演算《代数难题》；五年，晋秩四品；八年，授三品卿衔，户部郎中、广东司行走、总理各国事务衙门章京，声誉日隆。然而他仍淡泊执教，潜心著述，光绪八年逝世前几个月，仍手著《级数勾股》二卷，老而勤学如此。夏历十月二十九日，遽捐馆舍，荣终一生，享年71岁。

李善兰参与翻译的《谈天》虽不是全译本，但删节得当，体现了原著的基本精神。

第一，它给读者以明确的近代天文学理论体系。全书以哥白尼体系立论，用开普勒三定律和引力定律阐述太阳系天体的运动原理。明确告诉读者："地为球体，乃行星之一也""地绕日，月绕地，已知之无可疑矣。而

地何以绕日，月何以绕地，且俱终古不停也，今特推阐其理。"

第二，《谈天》给读者建立了清晰的天球概念。这是球面天文学建立天球坐标系的基础。自古以来，人们居地观天，人犹居天之中心，各种天体视运动都演示在这个天球上，打破这个视天球即是宇宙的观念，是近代天文学区别于古典天文学的关键。《谈天》从地的形状开始，建立视天球概念，专辟一节来解释天文学名词，天球上的基本点和基本平面、天球坐标系、投影原理等，是第一个天文学名词词典。

第三，建立科学的太阳系概念。这是近代天文学的重要内容。《谈天》十八章中的九章重点叙述这一部分，包括以太阳为中心的八大行星、小行星、彗星、流星群、卫星系统等，它们的运动规律，受摄运动中轨道根数如何变化，没有用繁复的公式来讲解天体力学原理，这可算创举。

第四，介绍太阳系的物理状况。这是天体物理学诞生之前人们对太阳系物理状况的最初研究，虽然有些知识后来证明是不确切的，但这是首次向中国读者展示天体的物理面貌。这里包括太阳黑子结构、临边昏暗效应、太阳能源的猜想，月亮上没有空气、冷热变化剧烈、无四季、重力只及地球1/6，火星极冠，木星条纹，土环形状变化原因，彗头和彗尾的形状，等等。

第五，区别于太阳系的恒星世界结构。这是首次建立天体结构层次的概念，打破了古典天文学的宇宙就是日月五星加恒星的混沌概念。这里除了有恒星位置的测定和星座划分之外，主要是新发现的恒星现象，双星、变星、聚星、星团、星云，以及银河系结构等新课题。

第六，详细介绍影响天体视位置的诸因素。除中国古代已知的岁差、蒙气差、地平视差之外，还有新发现的光行差、章动、周年视差等内容，丰富了天体测量学的内容。

《谈天》以如此丰富的天文学知识，引起了广大中国读者的兴趣，比起禁锢在钦天监里的御用天文学，这里有广阔的天地。与中国天文学以历法为主线相反，《谈天》十八章中只有一章是历法，当然更没有星占的一席之地，可见它对中国古典传统天文学的冲击是多么巨大。

地质学家：李四光

李四光，原名仲揆，湖北省黄冈县回龙山镇人，蒙古族，著名地质学家。他于1919年和1927年分别获得英国伯明翰大学硕士和博士学位。1949年以前，李四光长期担任中央研究院地质研究所所长。1950年后，他长期担任地质部部长和中国科学技术协会主席。他早年曾提出中国东部第四纪冰川的存在，建立了新的边缘学科"地质力学"和"构造体系"概念。李四光晚年发表了大量关于天文、地质、古生物等领域的文章，促进了我国各学科的交叉发展。

李四光早年留学日本，先考入弘文学院学习日语，后进入大阪高工学习造船。1905年8月13日会见孙中山，受到孙中山革命思想的影响，毅然参加了孙中山组织的中国同盟会，成为第一批会员中年龄最小的一员。

在日留学六年，回国后先在武昌一所工业学校担任教师。1911年辛亥革命后，李四光被南京临时政府任命为特派汉口建筑筹备委员、湖北军政

实业部长。1912年被派往英国官费留学，先入伯明翰大学预科，又学习一年采矿，继而改学地质，同时选修力学、光学、声学及电磁学，而对于力学尤为重视。学习期间，曾到英国各地进行地质考察。毕业后继续攻读研究生。

1919年，李四光获伯明翰大学硕士学位。同年暑期，赴法国、德国、瑞士考察。导师鲍尔敦想留他在英国工作，但李四光决意返国。1920年应蔡元培的邀请，担任北京大学地质系教授，后任系主任。从事古生物学、冰川学及地质力学的研究及教学。1927年他在上海筹建中央研究院地质研究所，并担任所长。但在内忧外患交困的旧中国，他无法施展自己的才干，无法实现救国救民的理想。

1933年他筹建武汉大学，1934年应英国科学界的邀请，去英国八所大学讲学。抗日战争期间，他带领研究所辗转到长沙、桂林、重庆等地，备尝八年抗战的艰辛。1939年在英国讲学期间，用英文写成了划时代的学术著作《中国地质学》，获得了崇高的国际声誉。1948年他出国参加了第十八届国际地质会议，并留在英国考察。

中华人民共和国的成立使李四光受到巨大的鼓舞，他排除了重重阻挠和困难，于1950年5月回到了祖国。先后担任中国地质工作计划指导委员会主任委员和地质部长等职务。还兼任中国科学院副院长。为了把我国地质工作纳入国家建设计划的轨道，实现我国地质工作的大转变、大发展，为满足国家计划建设对资源的要求，加速地质人材培养和理论建设，他主持拟定了工作计划，进行了组织建设，作为中国杰出的地质地理学家，他的学术贡献是多方面的，划时代的，尤其是地质力学的建立，使他的学术地位，受到世界学术界的公认。另外在古生物研究、地震地质研究及冰川问题研究上，也取得了重大成就。

气象学家：竺可桢

竺可桢，字藕舫，我国卓越的科学家和教育家，当代著名的地理学家和气象学家，中国近代地理学的奠基人。

中华人民共和国成立前他先后执教于武昌高等师范学校、东南大学和中央大学，1928年任中央研究院气象研究所所长，1936年出任浙江大学校长。中华人民共和国诞生后，他担任中国科学院第一任副院长，同时担任中国科学技术协会副主席，中国气象学会理事长、名誉理事长，中国地理学会理事长等职。

他还当选为历届全国人民代表大会常务委员会委员，并于1962年光荣地参加了中国共产党。他为发展我国科学和教育事业，奋斗了半个多世纪，真正做到了鞠躬尽瘁，呕心沥血，他不愧是我国近代科学家、教育家的一面旗帜，气象学界、地理学界的一代宗师。

竺可桢出生在浙江绍兴东关镇的一个粮商家庭。他小时候天资不错，勤奋好学，2岁就能认字，4岁时能认2000个字。6岁那年，父亲请章镜臣先生做他的私塾老师。章先生学问极高，而且以严厉著称。但他从没有对竺可桢发过怒，因为小可桢对自己的要求比老师的要求还要高，总是主动完成更多的功课。他练习写作文时，往往是写了一遍，觉得不够好又重写

一遍，直到自己满意了才停笔。

小可桢学习太用功了，读起书来就忘记时间。母亲怕他累坏了身子，经常用陪学的办法使他早点休息。一天晚上，当他准备上床睡觉时，外面院子里的大公鸡已经开始"喔、喔"地叫了。天快亮了，他不想让母亲一直陪自己，因为母亲白天干活，晚上还得陪自己读书实在太辛苦了。竺可桢便草草地把书桌收拾了一下，和衣睡下。可是，等母亲睡熟了，他又轻轻地爬起来，背诵昨天老师教的国语课文。天长日久，竺可桢积累了愈来愈丰富的知识。上课时，老师提出的问题，他总能对答如流。

1905 年，竺可桢从章老先生那里出徒，考入上海的澄衷学堂。当时，父亲的粮栈生意很惨淡，家里的经济异常拮据。他觉得儿子已经长大，也学到一些本领，帮着自己管管账，打理一下生意绰绰有余，于是不打算让他继续读书了。

他找到竺可桢跟他商量这件事，竺可桢坚决不同意，要求继续上学。父亲没想到儿子态度这么坚决，就生气地说："这个家到底是你说了算，还是我说了算？"竺可桢也不示弱："在家里是你说了算，但我已经长大了，有权在决定前途命运的问题上做出自己的决定。现在，我们的国家贫穷落后，备受欺凌，只有上学读书，才能学到大本领，让祖国繁荣富强起来……"父亲十分不耐烦，说："你不要跟我说这些没用的，我只知道干活，

竺可桢像

挣钱，吃饭。"见父亲这样说，竺可桢反驳道："记得你以前给我讲水滴石穿的故事，告诉我做事情要持之以恒的道理。现在，学还没有上完就叫我退学的，也是你。"这句话让父亲哑口无言，但还是不松口。后来，在章老先生的劝说下，父亲才勉强同意了竺可桢的请求。

在澄衷学堂期间，竺可桢深知学习机会来之不易，加倍地努力学习，每门功课都很优秀。由于过度劳累，他的身体瘦弱不堪，而且经常得病。同班同学胡适讥笑说他顶多活 20 岁。这虽然是一句玩笑话，但竺可桢把他记在心里。从那以后，他坚持锻炼身体，风雨无阻，从不间断。这样，他的身体一直很健康，为日后从事科学事业创造了良好的条件。

知识链接

《竺可桢全集》

《竺可桢全集》共计 24 卷、2000 万字，由上海科技教育出版社出版。该书分为两大部分，一是各种文稿和信函，其中包括学术论文、科普文章，以及工作报告、思想自传等；二是日记，即保存长达 38 年之久的日记。书中的内容全部是按年代顺序排列，未分文章类别。通过这本书，人们不仅可以看到大量科研成果，还可以看到一位满怀科学救国理想、忧国忧民的知识分子形象及其身上鲜明的时代烙印。

清代科学家：徐寿

徐寿（1812—1884），字雪村，号生元，江苏无锡人。他从小刻苦好学，青少年时代也曾走过科举道路，参加过童生考试，但未能取得功名。后来他认识到八股文章"无裨实用"，于是"专研格物致知之学"，致力于科学研究。他熟习中国古代的天算博物之书和明末清初耶稣会士翻译的科学著作。为了探求新知识，1857年与同乡华蘅芳一道奔赴上海。在上海时，他看到了1855年翻译出版的《博物新编》。这是一部介绍西方近代物理、化学等自然科学最基本知识的著作，其中关于化学及其实验方法的记述，引起了他很大的兴趣，促使他走上了化学研究的道路。其后，他先后在安庆军械所和上海江南制造局工作，并对中国近代科技事业作出了重要的贡献。

在安庆军械所，他主持研制了中国第一艘以蒸汽为动力的轮船黄鹄号。这是一艘木质明轮船，造于1863年，载重25吨，航速达每小时20余里，从蒸汽机到船上的所有零部件，均是中国自制，"造器置机，皆出徐寿手制，不假西人"（《清史稿·徐寿传》）。参加这项研究工作的，有华蘅芳、徐寿次子徐建寅等人。1867年，徐寿父子到江南制造局后，又先后研制成功"恬吉"（后改名"惠吉"）及"操江""测海""威靖""海安""驭远""澄庆"等号轮船。这期间，他还和传教士伟烈亚力合译《汽机发轫》，内容

包括蒸汽机原理、锅炉构造、计算功率的数据、蒸汽机的操纵规程和注意事项等，刊行于 1871 年，为中国第一部系统介绍蒸汽机的著作。

在研制轮船的过程中，徐寿深切地认识到，要引进国外的先进科学技术，就必须系统地介绍国外的一些重要的科技著作。在他的倡议和筹划下，江南制造局专设一个译学馆，从事科技著作的翻译工作。从 1867 年到 1884 年，经传教士口授，他"笔述成文"的译书有 20 余部，另有专论九篇，校阅书一部。其中《化学鉴原》等六部化学著作，系统地介绍了近代无机化学、有机化学、物理化学、分析化学和工业化学知识，为中国近代化学及化学工业的产生和发展奠定了基础。在翻译中，他还创立了用单字表示元素之名和加偏旁以别其类的命名方法，以西文的首音或次音来造字命名元素。这一方法一直沿用至今，他所译定的 64 个元素汉名中也有 44 个一直沿用至今。同时，他还创办了中国最早的科学教育机构之一"格致书院"，以及最早的科技期刊《格致汇编》。

此外，在化工、机械、矿业、医学、军工等方面，徐寿亦皆有所贡献。他的次子徐建寅继承父业，一直活跃在中国近代科技事业上，并多有成就，1901 年在试制无烟火药时，因意外爆炸而献身。

扩展阅读　冯如与他的飞机

中国人民的智慧和爱国热忱，这从年轻的飞机专家兼飞行家冯如的身上，集中地反映了出来。

冯如（1883—1912），广东恩平人。他的父亲冯业伦，是个贫苦的农民。父亲节衣缩食，供他念了乡中小学。冯如也没辜负父亲的期望，他从小就立下了建设祖国的大志。光绪二十五年（1899年），在美国三藩市（旧金山）做小贩的舅舅劝他出国学习，父亲和母亲不大同意，16岁的冯如就对父母说："大丈夫以四海为家……儿行矣，勿以我为念！"为了祖国的富强，他远涉重洋，去到了美国。他白天营生，夜里攻读英文。

光绪二十七年（1901年），他在纽约工厂里学习机器，并把节约下来的工资买了不少科技书籍，还亲手试造过一些机器。光绪三十一年（1905年），日本和俄国在中国的土地上打仗的消息传到美国，22岁的冯如闻知，气愤到了极点，他说："造机器难道足以拯救祖国！我听说军用利器什么也比不上飞机。我发誓要身为之倡，掌握这一绝艺，拿来报答祖国。苟无成，毋宁死！"

广大爱国华侨，被他的强烈爱国心深深感动了，纷纷凑钱帮助他。光绪三十三年（1907年）九月，冯如便租了一间房屋，亲手设计和制造起来。

他广泛购买、搜集飞机制造方面的资料，并不时观察鸟类的飞翔。宣统元年（1909年），他和他的助手，终于制造出了第一架飞机。9月21日，他亲自驾着这架飞机，在美国奥克兰的麦园机场试飞，飞行了2640英尺的航程，比1903年美国飞机发明家莱特兄弟所制造的飞机多飞了852英尺。

冯如获得了成功，但也经历过失败。不过，他胜不骄、败不馁，从飞机上摔下来也不畏惧、更不灰心。宣统二年（1910年），他更制造出了当时世界上最先进的飞机，这架飞机翼长29.5英尺、翼宽4.5英尺，由一台30马力的内燃机带动的螺旋桨，每分钟可以转动1200次，它的时速达到65英里，它的飞行高度达到了700英尺。

1909年在法国举行的第一届国际航空比赛上，飞得最快的飞机，时速才47.2英里；飞得最高的飞机，才飞到508英尺。因此，冯如的飞机无疑是当时世界上飞得最高、同时又是飞得最快的了。冯如的卓越才能，引起了美国的重视。美国人聘请他当教员，但他一心想的却是祖国。

宣统三年（1911年）3月22日，冯如和他的助手们，带着制造飞机的机器和自造的两架飞机回到了广州。11月9日，广东光复，冯如参加了革命军，更积极地制造飞机，以便用更多的飞机为国民革命军的北伐部队侦察敌情。为了试验所造飞机的性能，1912年8月25日，他亲自驾驶着飞机在广州郊区燕塘操场上空飞行，不幸在驾驶过程中用力过猛，飞机坠落，他的头部、胸部和股部全受了重伤，抢救无效，壮烈殉职。

冯如只活了29岁，他的爱国赤诚永远长存，他的聪明才智更说明西方的先进科学技术可赶可追可超。他的崇高理想和光辉实践已被载入中国悠久而灿烂的史册，他的"苟无成，毋宁死"的豪情壮语，更将激励着为振兴中华而奋斗的所有青年。

第七章

融汇中西
——欣欣向荣的书画艺术文明

1840年鸦片战争以后，古老的中国进入了近现代。在这一历史时期内，中国的绘画艺术经过匠师们长期的实践，使一度沉寂的清末画坛出现了欣欣向荣的景象。近现代时期的中国画经过"五四"新文化运动的洗礼，"输入写实主义，改良中国画"成了时代的主旋律。此时流派众多、名家辈出，大量优秀作品涌现。经过他们的艰苦努力，中国绘画艺术实现了由古典到近代、继而向当代的转变，并由此进入了"源于生活、高于生活"的更高境界。

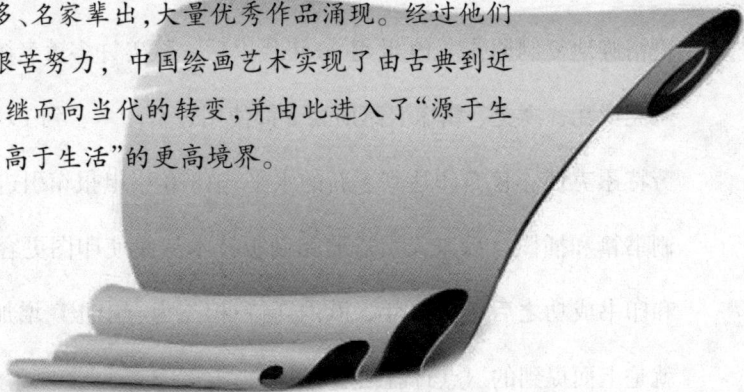

推陈出新的画报文化

　　清朝末期，石版画盛行，势头压倒了木版画。我国最早的石印画报《点石斋画报》创刊于光绪十年四月十四日（1884年5月8日），是我国最早的报纸之一《申报》的副刊。《申报》是英国商人欧内斯特·梅杰与其兄弟合办的，于清同治十一年三月二十三日（1782年4月30日）创刊。为攫取更大利润，梅杰兄弟于1876年又办起石印书局，取名"点石斋"（含有点石成金的吉祥寓意），引进石印机器，出版中西书籍。欧内斯特深知，印刷有价值的中国书籍画册，不但可以赢得声誉，而且有利可图。仅《康熙字典》的印行，一年销售量就达10万套之多，获利甚丰。

　　石印技术是德国人阿洛伊斯·森尼菲尔德于1798年发明的，到19世纪中叶，石印术已成为美术印刷的重要技术。1860年又发明了照相制版，能更精确地复制原作。19世纪20年代以后，欧美许多著名画家，如戈雅、德拉克罗瓦、高更、雷东、惠斯勒等都使用过石印术。到19世纪末，吐鲁兹·劳特累克使彩色石印达到了新的水平。1878年申报馆引进新式石印机器印刷书籍和插图，后来又引进照相制版技术从而使印图更容易。在取得办报和印书成功之后，1884年，欧内斯特·梅杰为《申报》增加了一份画刊，这就是上面提到的《点石斋画报》。

《点石斋画报》创办的宗旨可见于画报第一号上由梅杰撰写的序文，署名为"尊闻阁主人"。从文中可以看到创办画报的缘由有三：一是改变中国人不重视画报、没有画报的局面；二是提供"茗余酒后，展卷玩赏"的资料，便于"乐观新闻者""考证其事"；三便是赚钱。

《点石斋画报》初创以图绘时事新闻为主。有关外国新闻的场景大多是画家根据新闻材料凭自己经验阅历想象而成，有的则参考外国报刊的照片。画报图画基本上仍用传统国画的白描画法。而对一些新的物象，如飞艇、火车、洋楼、西洋人物等，则采用日本石印画的方法，同时也吸收《瀛寰画报》的技法。

《瀛寰画报》是光绪三年（1877年）在上海发行的英国画刊，图画由英国名画师所绘，蔡尔康加以文字说明。由于《瀛寰画报》所用的画法为西洋画法，而且内容又多为西洋风土人情，所以"问者寥寥"，才出五卷便停刊了。而《点石斋画报》画法则多效仿中国古代名家，为中国人所喜闻乐见，加上内容广泛，不脱离中国现实，所以能经久不衰，持续13年之久。据《申报》光绪十年四月刊出的启示，《点石斋画报》第一号，在发售后三五日内全部售完，又加印数千份发售。以后每期出来，都很快被争购一空，以致石印局不得不一再加印，这种盛况是从来没有过的。两年之后，《点石斋画报》已"四处通行，无远弗届矣"。

画报的主导思想是"天下容有不能读日报之人，天下无有不喜阅画报之人"，画报正是着眼于这种普及性和可读性，以求实现"广见悉，资惩劝"的认识功能和教育功能。因此，以独特的通俗性、趣味性和新闻性争取最广大的读者，是《点石斋画报》得以立足的根本。

就《点石斋画报》中时事新闻画和社会风俗画而言，该画报是一部图绘的中国近代史，具有民族意识和历史价值。就其描绘外国风俗景物、高楼大厦、火车轮船以及声光化电等科技成就和新奇事物而言，画报具有拓宽视野的启蒙作用和百科全书性质。就其猎取异闻琐事和采用当时流行的笔记体的图解文字而言，画报又有《聊斋》的特点。可以这么说，《点石斋画报》反映了早期的维新思想和市民阶层的平民文化。

"前海派"绘画文明

19世纪下半期，上海的关税收入逐年增加，远远超过了广州。这时上海的繁华也远远超过了扬州和苏州。上海成为一个"五方杂处"的文化大熔炉，可以接触到西方文化和中国各地的地方文化。因为在上海存在多国势力范围，尤其是租界，所以那里时常是革新派人士逃避清廷追捕的避风港。

上海日新月异的变化和"五方杂处"的环境使上海市民较易接受新事物，不太计较个人的出身、地位、历史，较少世俗偏见，思想较为开放自由。

张熊（1803—1886）、朱熊（1801—1864）、任熊（1823—1857）、任薰（1835—1893）、胡公寿（1823—1886）、虚谷（1823—1896）、蒲华（1832—1911）、钱慧安（1833—1911）、顾沄（1835—1896）、吴大澂（1835—

1902)、任伯年（1840—1895）等名家云集沪上，以鬻画为生。据中国台湾李渝女士统计，杨逸的《海上墨林》中，清代游寓上海的 308 名画家，大部分是太平天国时期避乱迁来的。这些职业画家互相联络、相互切磋、彼此竞争，繁荣了上海绘画市场，形成了具有平民文化特色的海上画派的强大阵容。

前海派的第一位重要的画家兼书法家、篆刻家要数赵之谦（1829—1884）。从史实来看，赵之谦并没有在上海活动，但他的书画艺术开海派风气之先，故被列入海派之中。他生于浙江山阴（今绍兴）这个文化之乡的一个商贾之家，幼年时家道已中落，只能"苦思自奋"，于诗、书、画、印皆有涉猎，17 岁时拜识山阴名儒沈霞西，始习金石之学，19 岁时，他开始设馆授徒，20 岁考中秀才。

旧时读书人进入仕途的道路不外乎科举考试或入幕。入幕指做达官显贵的幕僚，通过他们的推荐入仕，这是许多科场败北的文人的选择，一方面可以找到工作糊口，另一方面在参与管理兵农钱谷和盐务、漕储、郡县之宜以及律令之要中锻炼才干。绍兴乃文化之乡，担夫贩子走卒皆通诗书，由于绍兴的许多读书人都选择入幕这条路，名声在外，所以有"绍兴师爷"之称，在清代甚至有"无绍不成衙"的说法。

为了博取更高的功名，同时寻找一条自食其力之道，赵之谦 21 岁时出游杭州，入缪梓幕，随之宦游各地，结交名流，见识日广，常在杭州卖画以补家用。然而太平天国运动使许多读书人的理想烟消云散，太平军攻陷杭州城，缪梓死难，绍兴城破，赵之谦旧居被毁，妻女相继弃世，仕途受阻。不过，赵之谦心中"修齐治平"的理想并没有泯灭，他没有像许多文人那样改弦更张到上海谋生，而是于 1863 年从温州起航，奔赴京师，继续

谋取仕途。

然而，赵之谦在京师，官运不佳，"五上礼部不第"，直至1871年同治辛未榜后，赵之谦才呈请分发江西。在此期间，赵之谦往返于北京和浙江之间，并"时游沪滨"，同时感受到京沪两地文化变革的熏陶。北京的变革是，把金石气作为衡量书画篆刻艺术的新准则，他本人也成为这场变革中的一员力将，他的北碑书、篆刻卓有成就。上海的变革是，巨大的艺术市场和市民文化造成世俗化倾向。

京沪两派分别代表了雅俗不同的趣味，即后来所谓的京派和海派。前者近官，后者近商，反映出不同的价值取向。不过人们对海派多有贬义，如张祖翼曾写道："江南自海上开市以来，有所谓海派者，皆恶劣不可注目。"而赵之谦的艺术趣味则游走于雅俗之间。

赵之谦在碑学上的成就为他的金石入画奠定了基础，特别在他去京之后，他的绘画逐渐在笔法、构图等方面发挥了他金石书法的深厚功力。如树枝、古松常用篆隶笔法画成，拙厚有力，有时兼以草法。他的构图常常出奇制胜。这些大概属于雅的一面。而他加强绘画的观赏性、通俗性以及运用富贵吉祥的题材和题跋，大都属于俗的一面。

赵之谦的艺风为当时及以后的许多艺术家所吸收，特别对后海派巨擘吴昌硕影响最深。1872年，赵之谦以国史馆誊录议叙知县到江西上任，虽然此时他在书画上早已声名赫然，但为了一心一意操持政事，他下决心"画不多作""誓不凑刀"。他的政治理想结束了他的艺术生命。老子云："夫唯不争，故天下莫能与之争。"赵之谦无意在艺坛建立一世功名，却恰恰在中国美术史上以"三绝"彪炳千古，照耀后世。

"三熊二任"绘画文明

所谓海上画坛的"三熊""二任",是指前海派的四位画家。"三熊"即张熊、朱熊、任熊。其中任熊又为"二任"之一,另一位为其弟任薰。他们都是较早在上海一带活动的画家,而且对海派盛期及后期画坛都产生过较大影响。此外,胡公寿、王礼、周闲等也都是其时海派画家中较著名者。

张熊(1803—1886),字寿甫,又字子祥,别号鸳湖外史,浙江秀水(今嘉兴)人。平生爱好收藏,是最早寓居沪上的画家之一。他擅画花鸟,兼工山水、人物。花鸟以工致见长,多以双勾法出之,笔力洒脱稳健,既有纵逸之势,又具古媚之质。尤喜作巨幅,高屏巨幛,愈见功力。随他学画的人数众多,形成了"鸳湖派"。除传世作品外,张熊尚有《张子祥课徒画稿》及《题画记》行世。其花鸟对海派中、后期画风产生过重要影响。

朱熊(1801—1864),字吉甫,号梦泉、蝶生,浙江秀水(今嘉兴)人。鸦片战争前即寓居沪上,鬻画为生。朱熊工画花卉竹石,用笔爽健,气格洒脱,为时所重。

任熊(1823—1857),字渭长,一字湘浦,号不舍,浙江萧山人。任熊于21岁时始从村塾师学画肖像,后离乡赴各地卖画为生。1852年,任熊初至上海,此后几年便常往来于苏州、上海、杭州、宁波等地,卖画为生,并

定居萧山。1857 年 10 月卒，时年 35 岁。

任熊工笔、写意皆能，擅人物、山水、花鸟各科，尤以人物画著称于世。他师法陈洪绶而能别开生面，创造出了笔法清劲活泼、气格高古静穆、既生动真切又富装饰趣味的新画风，因而深受当时上海及江浙一带市民阶层的喜爱。他的作品奠定了海派人物画的典范样式，对海派绘画的发展产生了深刻影响。《范湖草堂图》卷则为其山水画的代表之作。

任熊之子任预（1853—1901），字立凡，父亲去世时年仅 4 岁，因此在画风上没有受到任熊的影响，但在绘画上极有天分，山水、人物、花鸟，无所不精，在上海卖画为生。性极疏懒，每至困顿无奈时才作画以换钱，否则极少提笔。但笔力稍逊，成就不及其父。在近代绘画史上，任预与其父任熊，以及任薰、任伯年又合称"海上四任"。

任薰（1835—1893），字舜琴，又字阜长，浙江萧山人，任熊之弟。年轻时主要在宁波一带卖画为业，同治四年（1865 年）曾收任伯年为弟子。任薰 40 岁以后常居苏州，1887 年任薰 52 岁，不幸双目失明，其绘画生涯也就此结束。6 年后病卒苏州，是年冬其子亦卒，家藏书画散失无存。

任薰所画人物、花鸟、山水均造诣颇深。主要取法陈洪绶，勾线设色精严工整，人物形象奇古伟岸，富于古雅之趣。晚年所作大幅立轴，笔法洒脱，气势沉雄。花鸟画工写兼擅，鲜丽典雅，能于布景取势和设色用笔之中突破前人规范。有时又以没骨渍染，水色浑然一体，观之别有奇趣。

"海派"高峰：虚谷

上海画坛在经历了前期的发展之后，到19世纪七八十年代，出现了虚谷这样一位富有创造性的重要画家，进一步把海派绘画推上高峰。

虚谷（1823—1896），俗姓朱，名虚白，字怀仁，号紫阳山民，别号倦鹤，室名觉非庵、三十七峰草堂等。安徽歙县人，虚谷乃其出家为僧后的法名。

虚谷青少年时期家居扬州，1850年前后曾入清军为参将。后来，因为种种原因去安徽九华山削发为僧。

虚谷出家以后，不茹素，不礼佛，唯以书画自娱，成了一名以卖画为业的"书画僧"。1870年以后，虚谷多旅居上海卖画，声誉渐著，人品画艺均受推崇。至其声名盛期，每到一处，求画者云集，虚谷不得不经常搬家。1894年虚谷70岁，住上海城西关庙，仍以鬻画为生，两年后于住处坐化。

虚谷能画人物、山水、花鸟，尤以蔬果禽虫、花卉游鱼见长。在海派诸画家中，虚谷不仅有出家人的独特身份，更在隽雅冷峭的作品中体现出鲜明的个人风格。他擅画肖像，很注重摹形，所用晕染笔法略见西法影响的痕迹。

虚谷绘画作品

最为后人称道的是虚谷的花鸟画，他受华岩影响较大，但这种影响，更多体现于作品的精神气格方面，而在具体作品的选材、布局、形态及笔法运用上，则仍有自己的独特风格。在他画中常出现的松鼠、金鱼、蔬果、白鹤、八哥、绶带、梅、兰、菊、紫藤、荷花、水仙、牡丹、红蓼等，都尽量从一个新的视角进行处理，突出自己所发现的某种新颖特征，从而为观者带来一种新的审美感受。

虚谷在世俗生活中亦能保持单纯和超脱的个性，与他的绘画追求相得益彰。他的绘画艺术可归纳出几个明显的特色：

首先，他在笔墨上以方写圆，以拙藏巧。多见短方线条，重粗涩不求光滑，以顿挫之笔写浑脱之物，朴拙中寓灵巧，因而有巧拙互现之美。

其次，他在造型中形态新颖，稚拙传神。虚谷常以方形、三角形及椭圆等几何形的构成变化而造成一种韵律感，体现出他体察物象的独特视角。造型的特色又与其顿挫使转的用笔方法相一致，能于稚拙中藏灵巧，于几何形的变化中突出物象之神情特征。

最后，他在意境上萧散淡泊，天趣自然。在这种寓圆于方，巧拙互见的画面形象中，虚谷透露出一种萧散淡远的情怀和冷隽清新的格调，透露出空灵的意境和静谧的气氛，这与他释门的身份及佛学的修养不无关系。

知识链接

任伯年的"世俗生活"绘画

任伯年（1840—1896），名颐，字伯年，初名润，号小楼、次远，小名任和尚，浙江山阴（今绍兴）人。任伯年于人物画和花鸟画所取得的成就，在海派以至近代画坛上都非常突出。他的人物画，古朴中能兼具秀雅；花鸟画成就可与他的人物画相伯仲。任伯年的山水画别具特色。总之，任伯年的绘画体现出了根植于民间美术而吸收文人画滋养、贴近世俗生活的鲜明特色。

"后海派"绘画文明

清末民初上海的书画家以吴昌硕的名字最为引人注目，当时谈及画家巨擘，必说吴昌硕。

吴昌硕原名俊，字昌硕，别号缶庐、苦铁等，汉族，浙江安吉人。我国近、现代书画艺术发展过渡时期的关键人物，"诗、书、画、印"四绝的一代宗师，晚清民国时期著名国画家、书法家、篆刻家，与任伯年、赵之谦、虚谷齐名为"清末海派四大家"。

吴昌硕幼年跟着父亲学习篆刻书法。他的篆刻，从浙皖诸家入手，上溯秦汉，多取石鼓、封泥及砖瓦文字，得力于书法功底，善用钝刀，冲切兼

施，苍劲朴茂，自成家数。他曾被推举为西泠印社社长。

他之所以能成为近代篆刻界的一代宗师，是和他在篆刻事业上锲而不舍、勤学苦练分不开的。

成名前，他买不起更多的石料，曾经一度在方砖上练刀功。当时，他被苏州知府吴云聘请为家庭教师，教吴云的两个儿子读书。大约过了两年的时间，吴云才有暇过问两个儿子的学习情况，他问儿子："你们的先生除了教书外，还做些什么事情？"儿子告诉他："吴先生不教课的时候，总是刻东西，我们看不懂。"吴云想看个究竟，就悄悄来到吴昌硕住的屋子。一进门，他看到吴昌硕正伏案在方砖上刻字，墙角堆满了刻过的方砖。吴云本人也喜好篆刻，见到吴昌硕刻字，心里格外高兴，就问吴昌硕："你搞篆刻，怎么不用石料？"吴昌硕被这突如其来的提问弄得面红耳赤，他不好意思地回答说："没有那么多钱。"吴云看着吴昌硕充满疤痕的双手，感动地说："在方砖上练，精神可嘉，最好还是在石料上练。我有不少石料，如不嫌弃，就送你一些。"吴昌硕非常感激，他不放过任何学习的机会，于是又向吴云请教了许多篆刻方面的知识。吴云见他如此好学，当场给他讲了一些篆刻的技法，并鼓励他要勤于练习。不一会，吴云给吴昌硕送来了一堆石料，还借给他一些篆刻的书籍，其中包括吴云自己编纂的《两罍轩彝器图释》。在吴云的热心指导下，吴昌硕更加勤奋刻苦，篆刻技艺青出于蓝，最终誉满华夏。

在绘画上，吴昌硕学过青藤、白阳、八大山人和扬州画派的写意画法，也研究过胡公寿、任伯年等前海派画家，但他的画以气势为主，因此在布局用笔等方面与胡公寿、任伯年等不同，与青藤、八大等也完全异样。如画梅花、牡丹、玉兰时，不论横幅直幅，布局常常从左下面向右面

斜上，枝叶也作斜势，左右互相穿插交叉，紧密而得对角倾斜之势。他尤其喜欢画藤本植物，如紫藤、葡萄、南瓜、葫芦等，布局或从左上角而至右下角，或从右上角而至左下角，奔腾飞舞，真有蛇龙失其天骄之概。其题款并作长行，以增布局之气势，可说独开大写花卉画藤的新生面。这得益于他受黄慎、金农、李鱓、赵之谦的影响，把篆籀笔法渗入。此外，他的画还设色古艳，别具一格。

由于他的画施以诗书篆刻的意趣和技法，深合画理，因此可以说，他的绘画作品往往四美具于一身。因为他钻研金石，所以写字才饱含金石气；因为书法老到，又运用篆笔作画，所以绘画才内涵丰富充实，十分耐看。不过，他曾这样评价自己的艺术："人家说我善于作画，其实我的书法比画好；人家说我擅长书法，其实我的金石更胜过书法。"

岭南画派绘画文明

清末，随着列强的入侵和西方思潮的传入，中国社会出现了剧烈的动荡和变革。在一切皆变的时代背景中，画坛也出现了前所未有的新变潮流。这时，中国南部的对外通商口岸广州，更是得时代风气之先，出现了比以往更开放的态度接纳外来文化，融合中西绘画的思潮。

实际上，岭南画派承续了千百年来岭南的传统文化积淀，嘉、道年间

的苏六朋和苏仁山，其功力和造诣并不稍逊于中原名家。晚清居巢、居廉兄弟的艺术创作和教育活动，更开启岭南近现代画风之端绪。

苏六朋（1791—1862），字枕琴，号怎道人、罗浮山樵、南水村佬等，另署罗浮道人，广东顺德人。他是一个出自民间的很有特色的人物画家，曾随罗浮山和尚学艺。其后，他寓居广州卖画为生，一生未尝离粤。在他留存下来的作品中，描写题材相当广泛，除了市井生活，尚有历史故事、民间传说等。尤其直接描绘风土人情、市井百态和平民生活情景的作品，更是生动真切，具有岭南地域特色，颇为人称道。

苏仁山（1813—1849），字静甫，号长春，别署灵峰、七祖、栖霞、菩提尊者、杏坛居士等，广东顺德人。擅画人物、山水，兼工花卉，与苏六朋并称"二苏"。其人物画多作道释仙佛，但其形象均酷似醇和朴实的南方平民男女，造型简洁准确，作品有鲜明的个人特色。他喜作白描，模拟古代石刻造像而加以变化，多用干笔焦墨，苍劲古朴，生动流畅。以这样的笔法塑造富于生活气息的人物形象，其风格亦具一定的地域特色。

岭南画派中以"艺术革命"为宗旨的代表人物是高剑父、高奇峰和陈树人，这也就是人们常提及的"二高一陈"。虽然，他们秉承的是清末画坛求变革的新潮，但他们的主要活动已至民国年间，作为岭南画派的重要人物，在此我们简单了解。

高剑父（1879—1951），广东番禺人，14岁入居廉门下学画，颇得器重。17岁以后转入澳门格致书院从法国传教士麦拉学习西方素描。又结识在两广优级师范任教的日本画家山本梅崖，开始接触日本绘画。1905年东渡日本游学，居廖仲恺寓所并卖画自给，在那里先后加入过白马会、太平洋画会、水彩画会等，致力于日本画、西洋画的研究。在日本期间还加入

同盟会，被委任广东支会会长，回国后多年仍从事革命活动。后来专心致力于新国画运动。倡导美育，推行中国画的革新。创立"春瑞草堂"（后更名"春睡画院"），收徒推行自己的图画教育思想，进一步扩大了这种影响。当时随他习画的学生，有关山月、黎雄才、方人定、苏卧农、黄独峰、杨善琛等数十人。岭南画派能以崭新的面目崛起，高剑父居功甚伟。

高奇峰（1889—1933），高剑父之胞弟，字奇峰，后以字行。高氏兄弟年少时家计窘困，奇峰少时曾做别家小役以谋生。后随兄习画，17岁又与兄一同赴日，1908年归国。在日本虽只有三两年时间，但对其人生及艺术影响极大。在此期间，他不仅研修日本绘画，吸纳西方技法，奠定了自己艺术风格及创作观的基础，他更会见孙中山并加入同盟会，成为辛亥革命活动的重要分子。1925年任岭南大学名誉教授，并在广州开设美学馆，一边创作，一边推行美术教育。所培养的黄少强、张坤仪、赵少昂、周一峰等，后来成为岭南画派的生力军。1933年，高奇峰奉中国政府之命赴柏林主持"中国艺术展览会"，离国前不幸病逝于上海。

陈树人（1884—1948），原名韶，又名哲，字树人，后以字行，广东番禺人。早年与高剑父一同师事居廉学艺，后更与居巢孙女若文结婚。陈树人追随孙中山投身民主革命，曾执掌侨务委员会等要职，他作为国民党元老，身居高位却时时不忘"保得永清洁净体"，后更辞官专心于艺事。与"二高"不同的是，陈树人一生并未设馆授徒，身后没有学生，其画艺于是成绝响。在艺术创作上，陈树人长于山水花鸟，喜用平顺之笔，信手画来，轻松自然，树木枝叶的写法也往往繁而不乱，用笔与高剑父的顿挫虬结迥异，可见"岭南派"画家尽管艺术观相近，风格特色仍差别很大。陈树人以清淡、优雅、隽永见长，其画往往蕴含诗味，这一点恰好印证了他画家、诗

人兼而一身的独特气质。其诗作有《桂林杂诗》《专爱集》《自然美讴歌集》等流传于世。

岭南画派是一个在民国革命中奋起的庞大集群，他们秉承的艺术主张是清王朝没落中艺术走势的继续探索。岭南画派最重要的艺术观是主张中西结合，融合西法以改造中国画，最终创造一种全新的中国画新样式，因此岭南画派也被称作"新国画派"。

岭南画派强调对景写生，重视摹写自然，提倡以写生而达到写实之目的，故又有"写实派"之称。这样的创作方式，使他们的作品具有较强的时代气息和地方特色。不可讳言的是，岭南派的作品片面强调了"状物""着色""革新"的特征，不可避免地带上了"甜俗"之格调与巧变取宠的趋向，它们正是一个变革时代探索的产物之一。这既是一种新兴成长的幼稚，也带有一种古老发展的惶惑。

岭南画派对中国画革新的主张，直接承续了康有为以西方绘画改造中国画的观点，也与清末民初资产阶级民主革命思想紧密联系。"岭南三杰"高剑父、高奇峰、陈树人在辛亥革命中都曾加入同盟会，积极从事革命活动。在他们看来，艺术上的革新可以启发民众进行人生现实的革命。这样，主张为人生的艺术，提倡艺术反映时代、感化社会、陶冶情操、教育民众等观点和实践，实际上也是他们民主革命活动的一部分。

知识链接

吴昌硕的"吴派"篆刻

吴昌硕在诗文、书画、篆刻方面都取得了很高的成就，他的画继承了八大山人、石涛与扬州八怪等文人画的精神，以独特的苍浑篆书笔法入画，

为金石画派掀起了高潮。他的篆刻初学丁敬，后学吴让之、赵之谦，他对邓石如、陈鸿寿最为崇拜，进而汲取封泥和汉魏六朝砖甓古器上的文字之长处，将自己写出的石鼓文面貌的苍浑的小篆，用刻刀移到印章上来，使他的篆刻超越了他的书画，巍然独立，形成了苍浑古朴、酣畅厚重的艺术风格。

"西泠后四家"的名手格调

到了清代后期，印坛名手迭出。在丁敬所开创的浙派中，后起的陈豫钟、陈鸿寿、赵之琛、钱松虽然也列诸"西泠八家"之中，但因年代稍晚，后世也称之为"西泠后四家"。其实，在风格上，钱松与另七家有明显差异，他主要取法汉印，刀法也受吴熙载影响，因而格调和手法都另具面目，后人把他归之于浙系名手，仅仅因为他是杭州人氏而已。

陈豫钟（1762—1806），字浚仪，号秋堂，钱塘（今浙江杭州）人，能书善画，所写篆隶和松竹为时人所重，在文字训诂方面甚有造诣，也致力于画学研究。著有《明画姓氏韵编》《求是斋集》《求是斋印谱》等。他的篆刻早年取法明代文彭、何震，后师丁敬，风格以秀丽工致见长，所作边款清逸可人。当时与陈鸿寿齐名，世称"二陈"。

陈鸿寿（1768—1822），字子恭，号曼生，又号老曼、种榆道人、夹谷

亭长等，钱塘（今浙江杭州）人，清嘉庆六年（1801年）拔贡，曾任江苏溧阳知县、南河海防同知等。诗文书画均有名于时。擅竹刻，又曾设计紫砂壶样十八式，由制陶名家杨彭年制成茶具，经其刻诗词书画，壶身刻"阿曼陀室"铭文，深为识者所重，世称"曼生壶"。在篆刻上，陈鸿寿继"西泠前四家"而起，擅用切刀，风格纵肆爽利，天姿英迈，体现出较强的创新意识。

钱松（1818—1860），字叔盖，号耐青、铁庐，别号未居士、西廓外史、云和山人等，钱塘（今浙江杭州）人，寓居上海。他才情过人，书法长于篆隶，山水花卉颇得时名，又精鉴赏。在篆刻方面，钱氏更卓有成绩。他的长处在于朴茂浑厚，主要得力于曾摹刻汉印达2000方的深厚素养。他的刀法特色，主要为切中带削，乃一极具创意之法。他的印风雄浑淳朴，在章法、刀法及韵味等方面均与浙派各家有较明显区别，可以说，钱松所辟，为一条新路，后来的吴昌硕便受他影响。

18世纪末至19世纪前期活跃于印坛的，尚有吴熙载、文鼎、吴咨、徐三庚等人。其中，吴熙载作为邓石如的再传弟子，能别有慧心，在篆刻上有新的发展，从而成为这一时期成就之最著者。

吴熙载（1799—1870），原名廷飏，字让之，亦作攘之，自称让翁，号晚学居士、方竹丈人等，江苏仪征人。晚年得一截罕见方竹，制为一竿拐杖，又截取一段方竹刻四面印，乃有"方竹丈人"之号。他是包世臣的学生，也即邓石如再传门人，工书善画，往来于扬州、泰州等地鬻艺为生。太平天国起义军北伐时，吴熙载避乱至泰州，寓于挚友姚正镛等人家中，为一帮朋友留下了大量诗文及印作。其中，为姚正镛治印就达120方之多，为刘麓樵治印也达88方，这些印作，后来有部分收入《吴让之印谱》。

吴氏虽工书画，但他的轻松自然、婉丽多姿的印风风靡一时，给当时印坛以很大影响，人称他把皖系中的邓派篆刻发展到一个新的境界。后来学邓石如者，多通过学吴熙载而得窥邓氏门径。"邓派"影响至巨，吴熙载弘扬和发展之功实不可没。吴熙载一生治印数以万计，至今传世仍不少。

徐三庚（1826—1890），字辛穀，号井罍，又字诜郭，号袖海、大横、馀粮生、荐木道士等，浙江上虞人。工篆隶书法，其书体飘逸多姿。徐三庚之印在布局上敢于大起大落，刀法也生辣挺劲不事修饰，和他的篆书一样，是取《天发神谶碑》的体势加以变化而成。同时，他取金农侧笔书法入印，也自具面目。他的印，常在笔画的伸展延长中大胆增加曲线，显然是采自己作篆的特色入印。在江浙一带，徐三庚的声望甚高，日本圆山大迂、秋山白岩等人也曾投师其门下，因之，徐三庚对日本印坛也产生了积极影响。

画坛巨匠：徐悲鸿

徐悲鸿（1895—1953），近代画家、美术教育家，江苏宜兴人。擅长油画、中国画，尤精于素描，能融合中西技法而自成面貌。其人物造型注重写实、传神达情，所作《九方皋》《愚公移山》等历史画寓有进步意义。所作花鸟、风景、走兽，亦简练明快，富有生气，尤以画马驰誉中外。

徐悲鸿擅画动物，尤以画马闻名。他笔下的马超越了动物的一般自然

属性，不仅形神兼备，生机勃勃，而且使马人格化，赋予马画家的理想。徐悲鸿用泼墨写意或兼工带写，塑造了千姿百态、倜傥洒脱的马，有的回首长嘶，有的腾空而起、四蹄生烟……徐悲鸿借马的形象表达了高尚的情操，寄托在马身上的内涵更成为鼓舞人们奋进的精神力量。

《群马图》是他的著名代表作。此图为纸本，彩墨，纵 109 厘米，横 121 厘米。此画与徐悲鸿其他画马的作品不同的是：主要描绘了两匹背向观众的马，后面配一匹侧向的马，为了使画面有变化，又在右边画了一匹低首觅食的马。几匹背向的马仿佛听到了什么，正竖耳凝视远方，表面是那样平静，却蕴含着内在的动力。马儿那矫健的身影、有力的骨骼和挺劲的马腿，以及用生动的墨色表现出拂动的马鬃和马尾，更强化了静中之动的魅力。他结束了单纯用墨笔画马的画法，以中国的水墨为主要表现手段，又参用西方的透视法、解剖法等，逼真生动地描绘了马的飒爽英姿。用笔刚健有力，用墨酣畅淋漓。晕染全部按照马的形体结构而施加，墨色浓淡有致，既表现出马的形体，又不影响墨色的韵味。下部以湿笔花青点染草地，渐远渐淡，把观众的视线和思绪引向远方。

徐悲鸿的马还为国际艺术交流作出了重大贡献。从 1933 年起，徐悲鸿应邀去法国、意大利、比利时、德国等国举办个人作品展览，"在欧洲各国一路挂过去"。到达莫斯科的时候，苏联对外文化局提出了一个请求，让徐悲鸿为观众作一次画马的现场表演。徐悲鸿欣然应允，从容地吮笔理纸，行笔走墨，挥洒自如，转眼工夫，一匹势不可挡的奔马便跃然纸上。素有爱马之癖的苏联骑兵元帅布琼尼也是观众，他激动得无法抑制自己的感情，大步走到徐悲鸿面前，先向他敬了一个军礼，然后说："徐先生，就将这匹马赠送给我吧，否则我会发疯的！"徐悲鸿被布琼尼诚恳而又幽默的话逗笑

了，连连点头，将《奔马》赠与布琼尼元帅。

徐悲鸿的作品熔古今中外技法于一炉，显示了极高的艺术技巧和艺术修养，是古为今用、洋为中用的典范，在我国美术史上起到了承前启后、继往开来的巨大作用。他擅长素描、油画、中国画。他把西方艺术手法融入到中国画创作中，而素描和油画则渗入了中国画的笔墨韵味，创造了新颖而独特的风格。徐悲鸿擅长中国画、油画，尤精素描，画作满含激情、技巧极高。他的作品早就有极高的市场价值，笔下的马是以真马为范，又融汇了传统的画理画法，马的体态较瘦、腿脚较长，十分矫健。

《愚公移山》是徐悲鸿为数不多的油画作品之一，藏于徐悲鸿纪念馆，取材于《列子·汤问篇》，故事为众人所熟知。纸本，设色，高 144 厘米，宽 421 厘米。徐悲鸿在抗日战争时期画《愚公移山》，其用意是要以愚公的精神鼓励全国军民不畏艰苦、坚持抗日，夺取最后的胜利。画家有意采用横卷，人物顶天立地，左右展现出壮阔的场景。整个画面只见四个中国人，其余都是印度人。据徐悲鸿先生说："艺术但求表达一个意思，不管哪国人，都是老百姓。"而且这幅画是他在印度国际大学期间所画，限于条件，人物模特儿只能找印度人。画面采用裸体，据画家说："不画裸体表达不出那股劲。"向山石宣战要用很大的体力，倘若叩石者都穿上服装，全身用力的紧张状态就不易充分表现出来。几个叩石者脸部的眉、眼、嘴、唇沟，手臂的肌肉，胸前的肋骨，一块块突出的胸饥、腹肌，腿上用劲儿和脚掯起的动态，可以说是全身都在显示叩石者的精神力量，充分表现了人体美和人类征服自然世界的力量。

徐悲鸿是著名的画坛巨匠、一代宗师。从 20 世纪 20 年代开始，他的作品在香港和纽约固定出售，价格从 5 万到 50 万不等，其中 1990 年 3 月拍卖

的一幅《天马行空》高达 82 万港元。他的油画价格稍低，纽约的价格为 1—2 万美元。1987 年纽约苏富比公司拍卖过他的《奔马》轴，估价 1.2—1.5 万美元，实际售价却达到 2.9 万美元。这次拍卖开创了一个先例，表明他的马图能在美国站住脚。1990 年和 1991 年有拍卖的两幅作品，一幅为《立马》，售价 7500 美元；另一幅《奔马》，售价 1.32 万美元。

2004 年 5 月 6 日，在"中国华辰春季拍卖会油画与雕塑专场"中，他的一幅油画《月夜》，以 115.3 万元人民币成交；另一幅《风尘三侠》经过激烈的竞争后，最终以比估价高出 8 倍的 664.5 万港元成交，刷新了徐悲鸿画最高成交价以及中国油画最高成交价的纪录。如今，在拍卖市场上，徐悲鸿的画作则非常昂贵了，有多幅作品价格在 5000 万元以上。

艺术大师：齐白石

齐白石（1864—1957），近代书画家、篆刻家。原名纯芝，字渭清，后改名璜，字濒生，号白石，别号借山吟馆主者、寄萍堂上老人等，湖南湘潭人。以为人写照、卖画及刻印为生。擅作花鸟虫鱼，并善于将阔笔写意花卉与微毫毕现的草虫巧妙结合，也画山水、人物。出版有《齐白石画集》《齐白石作品集》《白石诗草》《白石印草》《齐白石作品选集》《齐白石作品集》等多种画籍。

齐白石出身于一个贫苦农民家庭。父亲是一个老实本分、胆小怕事、性格懦弱的人，母亲却正好相反，是一个刚强能干、通情达理、勤俭持家、人缘颇佳的女性。

齐白石自幼就因先天性营养不足而体弱多病，而对于仅有一亩水田来维持生存的全家五口人来说，其艰难可以想见。齐白石自幼聪慧过人，7岁时，已能将祖父教的三百来个字背得滚瓜烂熟，牢记于心。祖父认为再也无力教授孙子时，开始长吁短叹：为家庭的贫困不能供养孙子读书，为孙子过人的天分被耽误。好在天无绝人之路，齐白石的外祖父在枫林亭附近的王爷殿设了一所蒙馆。这样，齐白石虽无力交学费，因为是亲外孙，也得以在外祖父的蒙馆寄学。聪明的齐白石勤奋好学之余，开始在描红纸上涂鸦起来，没想到他画的东西竟与实物十分相像。不久，他的画在同学中已经小有名气而流传开了。正在齐白石沉浸在读书、绘画的乐趣中的时候，学校放秋忙假了，不巧的是齐白石又生了场病，加上天公不作美，田里歉收，对于已经添丁加口的齐家，无异于雪上加霜。青黄不接的时候，连饭也没得吃了。齐白石的母亲别无他法，哽咽地对他说："年头儿这么紧，糊住嘴巴再说吧！"懂事的齐白石只好无奈地中断了读了不到一年的蒙学。

生活的重担过早地压在了齐白石稚嫩的肩膀上。少年时代的齐白石身单力薄，干起农活来非常吃力。家里人考虑再三，决定让他去学木匠，会一门手艺，将来可以养家糊口。可谁知学徒的第一天，师傅便让他去扛一根又粗又长的檩子，他试了几次都没有扛起来，师傅非常生气，很快就把他辞退了。父亲只好托了人情，将他领到另一位木匠那里拜师学艺。他天资聪颖，心灵手巧，木工雕花做得十分漂亮，颇受三乡五里百姓的称赞，名气也渐渐大起来。

齐白石20岁那年外出雕花时，在一个主顾家里见到一本《芥子园画谱》，是乾隆年间翻刻的本子。齐白石如获至宝，征得主顾同意，带回家去精心临摹。因为书是别人的，不能久借不还，可他又想好好钻研一下这本书，怎么办呢？后来他终于想出一个办法——像早年勾影雷公像那样，先勾影下来，再慢慢临摹。

就这样，他每天晚上一收工回家，就坐在松油火灯下，一幅一幅地勾影，用了半年多的时间，才把这部画谱全部勾完。这段时间，他的绘画水平提高得很快。

1889年，齐白石在做活的时候，认识了颇有才学的私塾先生胡自倬和陈少蕃。从此，他走上了专门的读书绘画的生活道路，几年下来，齐白石的画像技艺有了很大提高，并在传统绘画的基础之上创造了一些新技法，创作了不少富有诗情画意的作品，30多岁时，齐白石才开始苦练制印；他拜黎松安、黎铁安为师，把一枚枚印章刻了又磨掉，磨掉了又刻，学得非常辛苦，半年下来，他便掌握了汉印的基础。

1902年，年近40岁的齐白石游历了大江南北，每到一处，他都要游历当地的名山大川，了解当地的风土人情，积累了大量的速写作品，同时结识、拜访了许多有真才实学的画界名人，鉴赏、临摹了许多秘籍、名画、书法、碑拓等艺术品。这样大大开阔了他的眼界，提高了他的审美水平和鉴赏能力。

1909年暮秋，齐白石回到故乡，购置了"寄萍堂"居住，这一住就是10年。这期间，齐白石每天除坚持作画外，就是用功苦读诗词，闭门自修。通过这10年的刻苦磨砺，基本上形成了齐白石朴实、自然的创作风格。

1919年初春，齐白石已经56岁了，他决计北上，定居北京。初到北

京，齐白石的画并不能卖出，仅靠制印以维生，生活极为贫困。但他不断地从黄宾虹等人的画中汲取营养，后来便来了个衰年变法，创造了中国画工笔草虫和写意花卉相结合的特殊风格，终于在陈师曾的提携下，名声大震。并于 1927 年初春，被国立北平艺术专科学校校长林风眠聘请为教授。他把自己几十年的绘画创作经验毫无保留地传授给学生，著名画家王雪涛、李苦禅、李可染等，都成了他得意门生。在 10 多年中他居然创作出了万幅以上的作品。

齐白石像

80 岁前后，齐白石制印的篆法、章法、刀法都表现出了鲜明的特色，被誉为"印坛泰斗"。

齐白石擅长画花鸟草虫，也能画山水、人物。其传世作品数以万计，题材广泛，画价高下相差甚大，罕见与否、精细不同竟能使尺寸相同的画价相差百倍，绝对不能轻率地认为价高的就是真迹，价低的便是伪作。除了要掌握其画和书法的风格及变化之外，还需要了解一些小常识。如：晚年作品大都标有年份，特别是大幅和得意之作，不写年月也必写年庚，册页和扇面几乎都写，凡遇未标年款和年庚的画作要多加小心。另齐白石在 20 世纪 30 年代言明"横幅不画"，故这之后的巨幅横披必假无疑。

《虾》是齐白石老人 89 岁时创作的，也是他画虾技艺成熟的杰作之一。

齐白石画作造型简括、神态生动，书与印苍劲豪迈、刀笔泼辣，他将画、印、书三者熔为一炉，使中国传统艺术水平升到新的高度。

扩展阅读　国立艺术院

中国现代艺术运动的异军突起，实际上是以中国新兴美术教育的蓬勃发展，特别是以新型国立美术院校的创建为契机的。我国最早的公立美术学校是 1918 年 4 月 15 日成立的国立北京美术学校，第一任校长是曾留学日本的广东中山人郑锦（1883—1959）。教育部官员在成立大会上致词，阐明创办美术学校的目的：一为社会教育界提倡美育；二为中小学提供师资；三为社会实业界改良制造品。许多美术教育的先驱，如陈师曾、李毅士、吴法鼎、林风眠、严开智、赵太侔、徐悲鸿等，都在这里工作过，林风眠、徐悲鸿还担任过校长。

创建于 1928 年的杭州国立艺术院从创办的一开始便以崭新的面貌出现，"以培养艺术专门人才，倡导艺术运动，促进社会美育为宗旨"。在这里，美术教育被纳入现代艺术运动的历史进程之中，杭州国立艺术院成为传播西方现代美术的重镇。当时执教的著名教师有林风眠、林文铮、吴大羽、蔡威廉（女）、李金发、刘既漂、王静远（女）、潘天寿、李超士、

陶元庆、李苦禅、刘开渠、雷圭元、姜丹书等，其中大多数人是留法归国学生，此外还有外籍教师若干人，如法国人克罗多等，覆盖了国画、西画、雕塑、图案、美术史论等专业。在林风眠的主持下，学术气氛极为活跃，仅国立艺术院影响下就出现了"艺术通讯社""西湖一八艺社""一八艺社""水彩画研究会""实用艺术研究会""木铃木刻研究会"和"艺术运动社"等二十余个现代美术社团。林风眠和林文铮等留法同学在海外时就成立了"海外艺术运动社"，而这里的"艺术运动社"就是他们回国后创办国立艺术院时组建的，是以国立艺术院为基地的一个全国性的美术家群体。该社的宗旨为以"绝对的友谊为基础，团结艺术界的新力量，致力于艺术运动，促进东方新兴之艺术"，带有超越以往一般美术社团的气势和宏愿。

国立艺术院一周年纪念刊《告全体同学书》宣称："我们所负的责任，是整个的艺术运动，一是致力创作，使艺术常新；一是致力宣传，使社会了解艺术的趣味。"林风眠身先士卒，率先向中国艺坛传播现代艺术信息："近代一切艺术都倾向单纯化……最近的绘画，致力于在细小的解释上的艺术家几乎绝迹，到处听到的是'形体的单纯化，色彩的装饰化，意念的扼要化'。"由此掀起的介绍西方现代艺术的波澜，可以说是1931年庞薰琹、倪贻德等推动中国现代艺术运动的"决澜社"的前奏。

第八章

除旧迎新

——东西交融的社会文明新气象

随着中国对西方文化的逐渐了解，以及西方文化在中国的不断渗入，在近代的社会生活中也出现了新旧文化的冲突、交融和革新。其中，最为明显的就是新旧礼仪的冲突和更新。从称谓到服饰再到娱乐活动，无不呈现出一幅除旧迎新、东西交融的景象。

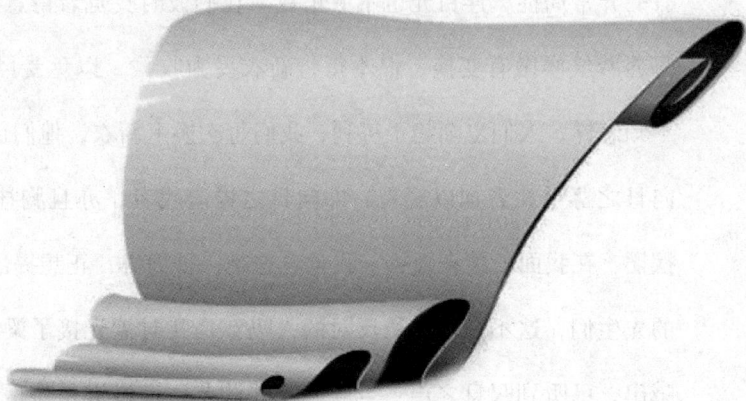

近代称谓的革新

说起"同志"这个名称，不得不使我们想起了孙中山先生临死时所讲的一句名言："革命尚未成功，同志仍须努力！"

"同志"这个名称，起于清朝末年，当时各革命政党内部一般都以"同志"互称，以示彼此之间志同道合。民国建立后，这一名称更是风行。

除"同志"这一称谓外，民国时期比较流行的还有"先生"和"君""夫人""女士""小姐"等称谓。如姚颖《京话·墙的悲哀》中的一段话就涉及"同志"和"先生"这两个名称，现摘录如下："当民国十六年，我们初次穿上了这种新衣，也犹如那时将士们背上武装带一样，人们见到了，总是肃然起敬。有的挺胸拍肚，大声疾呼：'同志们，努力，照这样做去！'有的异常局促，连目光也不敢正视。我们彼时真觉着得意扬扬，风头十足！每遇着气候微有变换，恨不得将新衣妥为收藏，以免受风雨之剥蚀。后来不知怎样，人们也渐趋于势利，我们每次换上新衣，他们也少注意了。不仅向日之尊重我者加以轻视，即向日之畏避我者，亦且胸挂机关证章，摇摇摆摆，在我面前踱来踱去。我觉着这是一种侮辱，正想提出质问：'尊重我的先生们，这不是你们所反对的人吗？是几时孟光接了梁鸿案？'我话没有喊出，已听到叹息之声：'唉，这些调儿，谁做谁是傻瓜。''打倒，首先

打倒这些打倒者。' '老是这些旧东西！' 我当时很觉希怪：'先生，你真是不明是非，别的我且不说，我敢发誓，这衣不是旧东西，是昨天才换的啊！' 但是，到了此时，我的自信力也发生动摇，人们既然不欢迎，无妨让风雨剥蚀掉。" 又，胡适《归国杂感》一文述道："我有一天在一位朋友处有事，忽然来了两位客，是××馆的人员。我的朋友走出去会客，我因为事没有完，便在他房里等他。我以为这两位客一定是来商议这××馆中什么要事的。不料我听得他们开口道：'××先生，今回是打津浦火车来的，还是坐轮船来的？' 我的朋友说是坐轮船来的。"

"同志""先生"这两个名称不仅在民国极为盛行，甚至到了滥用的程度。如大华烈士所著的《西北风》便载道："孙良诚总指挥部下有一位程师长，在泰安开军民联欢大会时站起来演说：'各位武装同志、文装同志、男同志、女同志、农工界同志、商界同志和其他杂派同志……'"

此外，朋友间还有称"君""阁下"等，甚至"自英文语言普遍后，'密司脱'三字已成为中上人士之口头禅"。

握手礼仪的兴起

在民国时期除流行鞠躬礼外，还有叩拜、相揖、拱手、问好、问食、磬折、点首、请安、握手、立正、举手等礼节。

在上述相见礼仪中，握手礼无疑是最为常见的。它与脱帽鞠躬礼一样，也是一种西式的礼节。按西方礼俗，握手礼仪是：握手时两人相距一步，握后上下微摇，受礼者为男士可重一些，如为女士则需轻握。但受礼者如为上级领导，则手不可摇动。

它传入中国的时间约在清末，当时中外官员会面时有用握手互致敬意之举。但由于这种西式的握手礼，与中国传统的尊卑长幼有序、男女授受不亲的观念相冲突，故此国人对其接受的程度也要逊于鞠躬免冠礼。随着平等意识的增长和社交风气的日渐开通，比之鞠躬免冠礼更加自然和方便的握手礼由部分新潮人士的率先倡导而逐渐走向盛行。

从文献记载来看，从 20 世纪 30 年代起，握手礼已成为中国社交场合中最为常见的相见礼仪了。顾维钧回忆说：民国初年"有人介绍我和梅兰芳初次见面时，他对我打千……两年以后我们再见面时，他向我鞠躬而未打千。以后他从国外演出回来，我们又见面了。从那以后，我们总是握手"。这种变化不仅标志着社交礼仪的简化，而且也表明民众方面某种程度的民主化"。

江寄萍在《北平的风趣》中写道："昨天夜睡，不觉不知为什么却想起许多北平的旧事来。我离开北平已竟有六七年了，从来没有想过它，当时我住在北平的时候，并不如何感兴趣，不晓得为什么昨夜在床上睡不着，却想起它许多的好处来，大概这事也同恋爱一样，两人天天见面，握着手谈天，当时并不觉得如何，到了两人一分离，十年八年不见，忽然有一天想起当年两人曾握手谈天，便晓得那时的握手真是难得，真是富有神秘性，于是一种似怅惘而非怅惘的情绪，在心里直打滚。我对于北平大概也是这样。"

1943 年 10 月，国民政府有关部门在陪都重庆北碚之温泉举行礼制讨论

会，会后刊行的《北碚礼仪录》一书正式将握手礼载入官吏仪节；并在继续突出以鞠躬免冠为相见礼仪主要仪节的同时，还根据社会实践和社会需要，增添了颌首、肃立和起立等新礼节。从当时的文献记载来看，民国时的握手礼全仿欧美，规矩甚多，如"与位高于我者见面时，必由位高者先伸手""与妇女见面时，必须由夫人先伸手""与妇人见面时如对方伸其手作下垂式，必须握其手而吻之""女子可着手套与人握手""握手时不可混杂，尤忌作交叉式，如忙中偶尔失检必须重为之"等。

此外，长揖、拱手等传统礼节在民国时期仍可见到。如陈灏一《新语林·宠礼》载道："屠新之谒杨左丞于私邸，是日客满座，泰半达官，杨过目不平视，独长揖屠曰：'数年不见，君白髯盈尺，余发亦苍苍矣。'倾谈良久，客纷纷散去，屠出，杨送诸门外，既登车，犹拱手者再。"又，民国陕西《米脂县志》载："仕宦知礼之家，凡晚辈见尊长、生徒见师傅，久别四拜，近别特拜。亲戚长幼、友朋交揖。"由此可见，行这些传统礼的多是清朝遗老或边远闭塞地区。

知识链接

"点首"礼

点首又称为点头，是西方礼仪中一种最为普通的礼仪。按西方礼仪，如果戴着帽子，须把帽子摘掉后再点头行礼。施礼时可视对象的不同或停或行，如遇长者，则必须停下脚步点头行礼。其传入中国后，因简便易行，迅速在社会上盛行。但这种礼仪，一般仅用于"相识面而无交谊者"。

"土布""洋布"之争

所谓洋布就是外来的布料，所谓土布就是中国本土生产的布匹。1910年之后，洋布进入中国已经有很多年头，并且一直为人们所关注与使用。

洋布不仅作为衣服的料子，而且也作为其他用处："凡住居上海之妇女不能蛰居家中，以交通既便，往往以购物等事托住内家，斜阳斜黑，人力车一瞥而过，所张五色漫烂之洋布，皆舶来品也，即此一端。每岁所输出之金钱，何止百万。且逆料此物销路方蒸蒸日上耳。"这里的人力车篷就是用洋布做的，颜色绚丽，颇为吸引人。

在穿着之中，可让人明显地感到洋布与土布的区别。前者比较新潮，色彩鲜艳，容易破损，但价格偏贵；土布比较粗俗，有一定的牢固性，而国产的丝绸做衣服虽好，但价格昂贵，一般只用来"作客之需"。因此，当时在报刊上经常可以看到人们关于对洋布与土布的不同见解。

《妇女杂志》1915年第2卷第1号发表吴江陈景康《家庭经验谈》："寻常衣服，贵乎质坚而耐久，色雅而不俗，若市肆做所售之洋布，大都花样新鲜，光彩夺目，而布身松薄，易于穿破，以之为衣，既嫌太俗，复难经久，观瞻经济，两方俱损，至丝绸绫缎，诚足美观其身，然一衣之费动需十金，用以备作客之需则可，苟家常穿着，毋乃过费，故寻常衣料之最宜者，

莫若用乡人所织之本纱布。"

在这个时候，人们更多的关心衣服的使用价值，毕竟人们刚刚从小农经济的窠臼中走出来，有很强的节约观念。"衣服以适体为主，太宽太紧，俱非所宜。盖宽则长衣服大袖，易受外来之风寒，需料既多，所费自大。紧则束缚筋骨，有碍血液之流行，而易于破裂，亦非节约之道。在女子则有碍雅观，尤当力戒。"

在农村，穿着洋布衣服的人们也越来越多。有人发表《吴江风俗记》一文，就指出："男女冠饰日趋于奢，前此家常多用土布，作客亦不过粗绸，最华美者，湖绸极矣，近则日益丽都。绮罗锦绣，相习成风，花缎线春之属，视为普通服饰，间有被外国绸缎，不惜巨价以投时尚者。"这种喜欢洋布的现象越来越普遍，不管是城市还是农村都在发生巨大的变化。

洋布等外来货物在上海等大都市比较便宜，但是其他生活成本相对而言要高昂得多，为此有人曾经反复加以计算："可是有许多朋友都劝我，家眷何必要回到苏州去，就居住在上海，岂不甚好？从前你有祖老太太在堂，不能离开苏州，现在仅有夫妇两人和一个女孩子，只是一个小家庭。你既在上海就事，便没有回苏州的必要。那一天，我去访问杨紫骐谱弟，适遇他的哥哥杨绶卿在家（他是一位孝廉公），也劝我住在上海。因为他最近从苏州来，知道近来苏州的近况及生活问题。他说：'有许多人以为住在上海费用大，住在苏州费用省。我最近调查一下，衣、食、住、行四个字：衣物原料，倘是洋货，还是上海便宜，不过裁缝工钱略大，但难得做衣服，或自己能裁缝的，没有关系；米是苏州便宜，青菜与上海相同，鱼肉丰富；所差者房租上海要比苏州贵两倍多，但只是一个小家庭，也不过上下数元之间；在行的方面，上海有人力车，车钱支出较多，但倘使家眷住居苏州，

免不了一个月要回去几趟，一去一回，这笔火车费，计算起来，倒也不小咧。'"从此记载来看，制作衣服的洋布的便宜也是作者考虑居住地的一个重要原因，也从另外一个层面说明洋布对于人们生活的影响已非同小可。

当然也有人持不同观点。署名为"顽固女子"的人写了一篇《纺绸衫之话》，说："东邻某妇喜穿洋布衫，但每年必新制一件，盖至第二年必破碎而不能穿矣，余则喜穿纺绸衫，非欲其有美观，不过求其经济上略合算耳。闻余言者，必笑曰：岂有纺绸之价廉于洋布乎。余曰：否。纺绸之价五倍于洋布，制一衣可穿八九年，与洋布之每年必更一新制者，相差甚大。"虽然作者喜欢的是纺绸衫，但是她的邻居却欢喜洋布衫，其原因就在于洋布的花色品种每年都有变化，给爱美的人带来不断更换衣服的机会，即使出比较多的钱也无怨言。这就是"顽固女子"与其"喜穿洋布衫"邻居的最大差别。

顽固女子还说："穿纺绸衫多上等人，穿洋布衫者多下等人，故穿纺绸者颇体面，且旧衣可染以他色，或更改小儿衣服。若我侪寒素人家，往往于无为炊之时，尚可质良籴米。"尽管如此，人们依然不买账，照样我行我素，用洋布来做衣服。最后她无可奈何地发出感叹："中国女子何以不用中国质极牢价极廉之织物哉。"

还有人举例而言，来证明土布的牢固："今日之女子，喜徘徊于洋货铺内，购买洋货，余试谈洋货好处。余十三岁时，余母亲赐我杜布衫一件，此衫乃外祖母十七岁时所制，余今年三十有七矣，此衫尚未破，名为洋货则何如。"这里想说的是土布如何之好洋布如何之劣，其实只能说是一个个案，并不代表每一个人都会像她那样一件衣衫穿上几十年的。更何况爱美爱新是大多数人的希望所在，而洋布能够满足人们的欲望，因此这种比较就没

有太大的意义。

洋布与土布之争，还有人从经济角度来说明争鸣。秦芬蓉在《女界之装饰与国家经济谈》一文里说："我女界之黑暗无光，我女界之喜作华丽装饰，使我思之伤心。今者外货盛行于我国，而以女界中衣者为最甚，每岁计之不下数千百万，此则利权外溢，经济匮乏，毋怪中国之欲贫也。我衣者土布，用者华货，无人以我为非噫。"

更有甚者，将购买土布是为了不使利益外流。"或有以其质粗而笨重者，可用中国各厂所出爱国布，诚如是，则国货既得畅销，利源不致外溢，而衣服亦不至于破时更，以多糜宝贵之金钱，为家兼为国，尤事之至美者也。"

这些观点都说明，在当时的人们对于洋布与土布的看法存在很大的争议。

近代服饰千般秀

清代，由于政府强行推行服饰制度，各地男子正装基本相同，但因女子可沿袭本民族服饰，而且各地的气候、物产等自然条件相异，也形成了服饰的不同风格。大致归纳近代常见的服装款式如下：

首服。包括帽子、发型、饰物等。民国年间，流行的男帽有瓜皮帽、毡

帽、礼帽、风帽、拉虎帽、三垮帽、包头等。

瓜皮帽，分平顶、尖顶两种，老年人喜平顶；中、青年好尖顶。礼帽为文人、绅士、商家、职员所爱好。风帽，又名"风兜""观音兜"，多为老年人所用，或夹或棉或皮，以黑、紫、深青、深蓝色居多。

清末上海等地用红色绸缎或呢料做风帽，有的再加锦缎为缘。风帽戴于小帽之上。老太太、老和尚、尼姑亦戴黑色风帽。

剪辫子（图画）

将军盔，是由四片缝制而成，前片齐眉，左右两片可护住两颊，后片可护住脖颈。由于此帽的式样与古代武将的头盔相似，因此称之为"将军盔"。将军盔多用黑缎子做面制成。还有一种将军盔是无顶的，式样与有顶的一样，套在帽翅儿上使用。这种帽子多是青布做成，也有采用缎面，以棉质家做为主，多为中年商人喜欢佩戴。

恭喜帽，是由风帽演变而来的，其前檐上翻，民国初期为当时的商人和文人普遍使用。三垮帽，是下层平民冬季用品，为一种可拉下护住面部，仅露眼睛的帽子。包头、草帽，在下层劳动人民中颇为盛行。

毡帽，为农民、商贩、劳动者所戴，有多种形式，有半圆形而顶略平的；有反折向上作两耳式、在折下时可掩住双耳来御寒的；有前作遮阳式而后向上反折的；也有顶部呈现锥状的，等等。

女帽有额子、勒子、夹耳帽、平绒帽、搭头袱子、包头。童帽品种尤其多，以形状论有虎、狮、猫、兔、狗、猪等动物头形及莲花、牡丹帽等；从结构式样看，有圆顶、尖顶、空顶及斗篷、披风、扎花凉帽等。

发型，民国前男子一律蓄留辫。稍为不同的是官绅士商以长辫垂于脑后，农工劳动者多盘辫于头顶。女子以长辫为美，少女多梳单辫或叉角辫，中老年则以长发盘于头后作发髻。民国年间，农村男子多剪发剃成光头，而城镇商学界及公职人员有蓄短发者，如西装头、东洋头、披发等。女子发型变化多样，农家少女多独辫、双辫，婚后剪辫挽髻。中年女子多剪齐耳短发，再用发卡卡牢，到老年时又将发挽起，以发网兜套住。大城镇兴烫发之风。小儿多光头，也有剃成"锅铲头""狗尾巴""马桶盖""三搭头""沙撮"之类发型的，视地域不同而有差异。

衣着装束，男子有马甲、长袍、衬衫、短衫、短袄等。人们的服装穿着依身份不同而异，中上层男子多为大襟长袍，外套马褂。因季节不同，长袍有单、夹、棉、皮之分。

一般男子着灰色长衫，农村男子多于长衫之外扎一布腰巾。平时比较普遍的装束是：上穿短褂、短袄，下穿折腰单裤、棉裤、套裤、短裤。女子上衣种类与男装略同，但款式有别，且颜色更为花哨，质料更加多样，做工更为讲究。

农村年轻女子偏爱花布衣，或大红、大绿衣服；城镇女子时兴琵琶襟和旗袍，西洋裙亦偶有所见。但遇有喜庆日子，百褶裙、绣花裙仍为主流。男女下裳式样比较单调，单裤、棉裤、套裤等，男女老少皆可，一般都比较宽大，穿用时腰部打折，外系布腰带。

清代较流行的鞋是双脸靴，有厚底和薄底之分。一般用缎、绒、布为鞋

料，主要为绅士、富商和学界人士穿用。民国有一种圆口和尖口布鞋，质地有礼服呢和棉布两种，为青年人所喜欢。体力劳动者则多穿一种纳帮靸鞋，脸长、跟脚，经磨耐用。各地有布鞋、棉鞋、草鞋、雨鞋之类。雨鞋有油鞋、木屐等；布鞋的式样五花八门，大体上有浅口、深口、窄口、宽口、方口、圆口、有带及无带之分。

知识链接

纳底袜

清代民间流行穿着的袜子都是家做的纳底布袜。男子流行用一块方布裹脚的习惯。民国时开始普及一种机织的线袜，由于线袜很容易被磨破，因此，补袜子就成为家庭妇女所必须具备的本领。补袜子使用的一种木制的袜楦，也成为当时一般家庭所必备的物品。

独特的旗袍文化

在时装发展方面，必须要提到旗袍，这是代表中国女性的具有标志性的服装。

中山装是男人的服装，到了20世纪30年代旗袍作为女子服饰已经相当成熟，并且成为一种流行，虽然其发端于20年代甚至20世纪初，但其真正

代表女性并为她们广泛喜好的服饰却在 30 年代。

旗袍是中国女性服装最高境界的服装，是中西合璧的产物，既有传统的中国文化，同时也吸收西式服装的理念与裁剪方式。有人说："近日旗袍盛行，摩登女士，争效满装，此犹赵武灵王之服胡服，出于自动，非被强迫而然者。"还说："自古满服之入中原，皆未及于妇女，近世妇女服装之异于古昔者，但自禅变耳。惟近日妇女，竞易旗袍，此亦古来未有之大变也。"在这里，一方面是说旗袍已被女性争相穿着，另一方面也说明了旗袍是中国民族服装的延伸，是"古来未有"的一大创造。

这种说法是代表一家之言，旗袍与满族服装是否真有关系，也只代表他个人的看法。不过旗袍的出现，改变中国妇女的穿着是有划时代意义的，因为它真正成为中国妇女的经典服饰，代表了中国的文化。沈守中《从时装说到裙》："现在我国最普遍的服装是旗袍，旗袍风行的历史，差不多有五六年了，到如今非但一点没有改变，而且愈来愈普遍了，所以我们可以说，一九三二年的中国妇女界服装代表，还是旗袍。"

由于人们不断地追求旗袍的变化，却忘记与身体的契合度，因此有人提醒说："服装更须切近潮流，目今虽一律旗袍，但其尺寸式样，适合身体为最唯一原则。例如袖口之长短，腰身之大小，开叉之高低，须视身材而定，盖稍一差误，穿在身上，且不雅观，不雅观即不能使人注意。"这在某种程度上来说，穿着旗袍对于身材的要求是很高的，如果不能达到，则会有"不雅观"的效果。

30 年代早期，流行的是长下摆旗袍，而这种旗袍妨碍行走，甚至会造成摔跤的结局。有人就说："有些妇女的装束，的确有点不合适，旗袍太长，几乎拖到地上，行走很不方便，高跟鞋子的跟太高了，有点立不稳。有

一回，听说有一个女人从电车上下来时，长袍绊住了鞋子，一跤跌倒在车旁边，虽然没有被车轮碾着，但受了伤，送到医院里去了。"

除了旗袍本身的问题外，还存在妇女不顾自己的年龄而穿着旗袍的现象。针对这种情况，叶浅予就有《写在"春秋之装束"前面》一篇文章："试观目前中国妇女界装束的现象，大概已从旧的束缚中跳了出来，渐渐地走上了正确之路；不过一般的人仍是盲从着衣趋时的风气，所以半老徐娘会学着少女的时髦，穿了紧窄短俏的旗袍，表现出来一种丑态。"这里，作者从服装本身来谈年岁较大的人穿旗袍并不好看，对当时一窝蜂地追逐时髦的旗袍提出批评，也反映当时旗袍火爆的场面。

其实，旗袍的长短，是不断地流行的，而且几乎每年都在发生变化。

由于旗袍是中国女性的服装，也受到美国、法国的关注，明华写下一篇《西人心目中的中装》的文章，就证明了旗袍在欧美的流行："在1930年的时候，四年之前的事情，美国不知道怎样起了一种新鲜的花样。女子们都穿起中国女子穿的旗袍来。那时候纽约的时装展览会中，各式各样的中国女子旗袍，不计其数，在纽约的服装店中，旗袍一天竟售出百十袭之多。

当时纽约的 LADY 服装杂志上面说：中国的旗袍在宴会席上，实在是一种很优雅的衣着，能够尽量地现出人体的线条美丽来，而袍子上面因为没有带子的缘故，上下可以十分整齐，没有细带的褶皱，更不必怎样当心，虽然出外去，或者运动等是不很适宜，但可以当作女子的一种大礼服。

虽然美国盛行女子旗袍的装束，只有一个短时期，不久就没有这一风尚而换了另外一种的时装，但是穿旗袍的风气在那时候却流入了法国的巴黎，由此可见影响之大。

水乡服饰的万千风情

江浙吴越自古以来就是美丽富饶之地，被称为"鱼米之乡""江南水乡"。这里气候温润，蚕桑、农业发达，人文环境优越，长江之水滋养了这里的织染和刺绣，也创造了令人赞叹的服饰文化。

自古以来，吴越地区盛产麻、葛，纺织业十分发达，桑蚕业的发展又使丝织品也成为人们制衣的重要原料。这些都为吴越地区服饰文化的兴盛奠定了坚实的基础。

江浙一带的清代女装，汉、满族发展情况不一。汉族妇女在康熙、雍正时期还保留明代款式，时兴小袖衣和长裙。乾隆以后，衣服渐肥渐短，袖口日宽，再加云肩，花样翻新。到晚清时都市妇女已去裙着裤，衣上镶花边、滚牙子，一衣之贵大都花在这上面。

民国时期，城镇女子风行"斜襟装"。这种衣裳有很高的立领，衣袖宽大，胸腰逼仄，与以前的宽衣宽袖有着明显的区别。斜襟装配与足踝相齐的长裙，手上常有扇子、钱袋之类助妆，在视觉上给人以苗条、颀长之感，表现出端庄、娴静的风格和特有的江南韵味。民国后期，旗袍成为一种不分阶层的女子着装。此外，女子还喜簪鲜花，不同的季节戴不同的花，特别是年轻女子人人簪花。贫家之女宁可食无肉，不可头无花。花都

是以朵论价，最受青睐的是茉莉花，因清香袭人，文人们把女子簪花称作"鬓边香"。

江浙一带农村的传统服饰体现出江南水乡的特色。大部分的农民讲究着衣实用，对有利于生产的服装特别青睐。一般男子多穿对襟褂，横钉一字扣，五或七颗，以黑、灰颜色为主。大腰裤是过去江南水乡人们最流行的式样，又称"包裤""笼裤"。这种裤腰围肥大，裤裆较深，裤脚宽大，便于起蹲等动作；前后有密裥，束在外衣上，正反可穿，蹲站舒适，避脏通风不挂缠；腰下有空插袋，可放钱物，又可暖手；不论干活，上街做客，全年有三季都穿它。夏天穿赭色拷布制成的短裤、背心，隔热性能好，烈日下不发烫。拷布耐湿、耐穿、凉爽、易干，是"香云纱"的前身。渔民一年四季戴帽，夏季戴斗笠、草帽，春秋冬三季都戴毡帽，既挡风又遮雨。

水乡妇女喜穿中式大襟、对襟衫，颜色依不同年龄阶段而变化，艳色为未婚女子所喜好，婚后则多穿白、浅蓝、蓝色等素雅色彩；老年妇女则以蓝、灰色为主，给人古朴持重之感。喜欢包头，包头常用靛蓝布，两旁边沿镶花布滚边，两端用白布或黑布贴角，包头上绣有彩色图案。包头布能遮阳避雨、挡风保暖，四季皆宜。下穿黑色长裙，或以腰兜为裙。裙子是江南水乡妇女最普遍的下装。按习俗，妇女不穿裙而见客，哪怕是穿着长裤，也会被看作是大不敬。尤其是农村女子，无论老幼，几乎一年四季都离不了裙子。有一种较普通的裙子——"作裙"，取时常穿着它在农田劳作之意。这种裙子制作比较简单，只用前后两幅布，缝边，上腰，钉上带子，即成。因其下摆大，穿在身上行动方便。腰带一束，将上衣收紧，冬天可起御寒保暖作用；夏天在作裙内穿条短裤，既雅观大方，又轻便凉快，还可保护皮肤，免遭烈日暴晒、稻叶划伤。如在野外劳动偶遇骤雨，还可将它兜在头上，暂且

当作雨具使用。腰兜两侧有细密的褶裥，腰带上缀有流苏，腰兜上也绣五色图案。

水乡的鞋子也很有特色。鞋的形式颇似小船，不分左右，故又称船形绣花鞋。鞋帮以两片合成，鞋面以绣花为主，色彩鲜艳，花样丰富多彩。船鞋的做工精细，坚固实惠，是水乡妇女传统的礼鞋。水乡还有特色劳动鞋，有一种"钉靴"，一般以布做成，用桐油反复涂抹，使它不透水；也有用牛皮来制作的。钉靴底下钉上一些塔钉，使其变得耐磨耐穿。绍兴有"三月初三晴，钉靴挂断绳。三月初三雨，钉靴磨断底"的农谚。这说明钉靴是江南水乡较普遍穿的雨靴。吴县等地还有一种"耕田鞋"，它是用厚实的粗布制成，鞋帮不但高而且还用细密的针脚缝过，上面连着袜子，一直到膝盖。这主要是预防耕田时蛇虫的叮咬，也可防止脚底被锐物划破。遇下雨天，稻农们一般穿水草鞋、箬壳草鞋。过去，江南渔民还有一种特殊的袜子——发袜，是用人的头发做的。制作者是社会等级比渔民、农民更低贱的"堕民"。他们将头发捻成线，再手工将线编成袜子。发袜不吃水，干燥得快，很受渔民的喜爱。

近代学堂乐歌文明

　　所谓学堂乐歌是指 20 世纪初期，随着新式学堂的建立而兴起的歌唱文化，一般指学堂开设的音乐（当时称唱歌或乐歌）课或为学堂歌唱而编创的歌曲。

　　学堂乐歌的发端可以追溯到 1898 年。百日维新中，康有为就提出了废除八股、遍设学校的主张。戊戌政变后，梁启超等人积极提倡在学校中设立乐歌课，这是我国音乐教育史上第一次提出关于设立乐歌课程的主张。1903 年起，"音乐"被列为女子师范学堂课程，此后几年间，新式学堂陆续开设了唱歌课，从而在普通学校中形成了一种学校音乐文化的雏形，即以教授新式歌曲和欧洲音乐常识为主要内容的音乐教育。

　　从 20 世纪初期到整个 20 年代，学校歌曲体制与清末的学堂乐歌文化一脉相传，并且，以其迅猛发展之势逐渐成为近代中国音乐发展的中心。

　　在变法维新思潮影响下，创办新式学堂、废除旧式科举制度，已经在知识分子中酝酿良久，中国的学校音乐教育逐步兴起。历史回溯到 1860 年，中国近代史上出现的洋务派运动最早开办的新式学校，为近代意义的学校音乐教育的出现作了体制上的准备。甲午战争之后，一些政治精英注意到引进西方教育体制的积极意义。

试图改革传统的科举制和与现实脱节的教育体制。例如，维新运动领袖康有为在 1898 年就向光绪皇帝上书《请开学校折》，他提出"请废八股""令乡皆立小学""限举国之民，自七岁以上必入之，教以文史、美术、舆地、物理、歌乐。八年而卒业。其不入学者，罚其父母"。并要求清政府"远法德国，近采日本，以定学制"。从中，康有为首次提出将"歌乐"作为新式学堂的一门功课。同年，洋务派代表人物张之洞也在《劝学篇》中提出："西国之强，强以学校。"注重提倡办学和重视乐歌，他虽主张创办新学，但强调必须"旧学为体，新学为用"，即以中国旧学为根本，西方新学为方法。迫于形势，清政府在光绪二十八年（1902 年）不得不颁布《钦定学堂章程》（史称"壬寅学制"），确定新兴学堂开设"乐歌"一科。

随着资产阶级新文化运动的开展，近代音乐文化也不断影响到国内社会各阶层，中国人在实际生活中已开始接触到从日本或欧美引进来的音乐。还有基于对传统音乐进行改革的思潮中出现的对中国传统音乐的猛烈攻击，更激化了中国音乐的急剧变化。因此，学堂乐歌作为中国普通音乐教育兴起的主要内容与形式并形成一时风尚，可以说是时代潮流发展的必然趋势。

在学堂乐歌的兴起与发展过程中，出现了中国近代音乐史上最早的一批音乐教育家。他们通过对西方音乐知识技能的传授，对乐歌的编配创作和有关音乐教育理论的研究探讨，为中国普通音乐教育的创始做出了重要的贡献。这些音乐教育家中代表性的重要人物有沈心工与曾志忞、李叔同。其他还有高寿田、冯亚雄、辛汉、胡君复、华航琛等。

学堂乐歌之所以能够在 20 世纪初形成风行全国，主要是因为它在内容及音乐上适应了中国的需要。

从内容上来说，主要反映了"五四"前资产阶级民主革命的思想和要

求。在一些广为流传、深受欢迎的优秀乐歌作品中，富国强兵、抵御外侮题材占据首要地位。

学堂乐歌的歌词，从风格方面来分析，存在"白话词风"和"典雅词风"等几种不同类型。当时新创作乐歌的诗歌语言，确实有一些注重含蓄风格，写得古朴典雅、生动秀丽、意味深沉的，以李叔同所填的词为主，如他的《送别》《西湖》等，都带有古典诗词的派头。其风格对五四以后的专业创作，特别是艺术歌曲的风格有一定的启迪。

学堂乐歌是中国音乐文化在 20 世纪初出现的一个新事物，它冲击了封建的闭关锁国政策，对我国近代音乐文化的发展起了一定的推动作用。从中国音乐的发展演变来看，它的历史意义主要在以下几方面：

第一，为中国近代音乐史奉献了一批早期的优秀声乐作品，这些作品歌词声情并茂、朗朗上口，曲调清新俊逸、历久难忘。从许多乐歌的歌词中，还可以读到作者苦心突破旧体诗词的格律，试图开创新的诗歌语言和形式。在某种程度上来看，从一些乐歌歌词中，还可以发现新诗发展的轨迹。

第二，学堂乐歌是中西文化交流的见证，是中国对西方音乐的一次比较深入的"开放"。早期乐歌作者习惯于采用外国歌调填词，许多外国歌曲就是通过学堂乐歌传到中国来的。比之基督教赞美诗和宫廷音乐，学堂乐歌的影响范围要宽广得多，它不仅开始了中国的学校音乐教育，在"学堂"中对青少年学生产生影响，又通过这些青少年对全社会都造成了一定的影响。在很短的时间内，其影响力甚至超过了中国传统音乐的许多种类。

第三，一些优秀的学堂乐歌适应了社会变革的需要，宣扬了爱国主义和民族自强的意识，宣扬了反封建的资产阶级革命思想，冲击了没落的封建制度，对社会的进步产生了推动作用。一部分优秀的学堂乐歌直到 30 年代，甚至 40 年代还在学生和民众中传唱。有些乐歌，如《中国男儿》在 20 年代以《工农兵联合起来》广泛流传于全国各地。《蝶与燕》则以《劳动童子团歌》传唱于革命高潮的地区。其他如《送别》《苏武牧羊》等，则流传了整个 20 世纪。

第四，学堂乐歌不仅为许多革命歌曲提供了音乐素材，逐渐奠定了中国近代新兴音乐文化的主体——声乐创作的典型地位，还形成了一种集体歌唱形式，这一新的形式即后来被称作为"群众歌曲"的出现。这种为大众歌唱而创作的歌曲体裁，其内容多与政治、社会活动有关，常在群众性活动中演唱；音乐结构以简单、小型者为多，音域不太宽，很少转调，一般都是分节歌；篇幅不大，语言通俗，多采用齐唱或简易合唱的形式。到 30 年代救亡歌咏运动中，中国的进行曲体裁的群众歌曲已经走向成熟了。

第五，通过乐歌的传唱和乐歌为主的学校音乐教育，向中国大众尤其是学生开始较系统地把西欧音乐理论基本知识技能（包括线谱、简谱记谱法，乐器演奏法等）及音乐会演出等表演形式予以推介，丰富了音乐修养，活跃了音乐生活。一些西洋乐器如风琴、钢琴、小提琴等逐渐对群众音乐生活产生了实际影响。这一切，都具有启蒙意义。

因此，学堂乐歌可以看作是我国近代音乐发展的一个重要的开端，也是中国音乐发展的一个特定阶段——音乐文化变迁过程中从模仿到创造的过渡阶段。它不仅是当时中国学习"新学"的一个组成部分。而且，学堂乐歌还是中国新音乐创作的"萌动期"，它为此后"五四"运动时期中国音乐的发展创造了必要的条件，为中国第一代作曲家的出现准备了必要的条件。

中国的"舞龙"

　　舞龙又称"龙舞"，民间又有"耍龙""耍龙灯""舞龙灯"之称，是一项由参加者按照一定的鼓乐或器乐节奏，在持龙珠者率领下，手持龙的器械来完成龙的游、穿、腾、跃、翻、滚、戏、缠、组图造型等等前一个人所做的相似或相同的连贯动作，按照时空顺序形成龙的运动形象或静态造型，舞龙运动一般遇节庆举行，其中以春节、元宵节为多，《庄河县志》曰："（龙灯）亦为岁首之娱乐。以布帛糊作龙形，置灯其中，沿街耍舞以取乐。"上海《嘉定县县续志》："元宵节有龙灯，皆乡民为之。"舞龙作为一种民间艺术文化，表现的是群体情感，是群体审美意识的外化，民众参与是创造群体文化的根本。一般来说，在各节龙栋内燃烛或点灯的称为"耍龙灯"或"舞龙灯"，不燃烛或不点灯的称为"舞龙"。

　　龙灯的具体形制如《慈利县志》所述："编竹作龙，节节蝉联，幂布其外，采色斑然，节各实烛，尤丽夕观。木檑擎举，人十数焉。金者、鼓者，群声填咽。龙贴地舞，之而蜿蜒，发纵指示，大珠在前，再接再厉，花爆鸣颠。又有所谓板凳龙灯者，为四九都出品，数十百凳联为一龙，亦诡异观矣。""板凳龙"流行于福建、浙江和重庆的部分地区，是一项体力加智慧同时投入的创作和表演活动。

为了舞出板凳龙的神韵，舞出它的精神状态，龙头、龙尾和各节龙身之间要默契配合，技巧性很强，表演者必须经过长期演练、磨合，认真体会，要练得"耳听六路，眼观八方"，才能把龙的潜跃翻滚，蜿蜒游动，舞得浑然一体。在变化多端的节奏中，舞者利用人体多种姿态，在动态行进和静态造型中将力度、幅度、速度、耐力等糅合于舞龙技巧当中，完成各种高难而优美的动作。

舞狮是利用人体的多种姿态和狮头、狮尾双人配合，在行进的动态和静态造型变化中，将力度、幅度、速度、耐力等揉于舞狮技巧中，完成各种高难动作，或动或静，组成各种优美的狮子形象，表现狮子的勇猛彪悍、顽皮活泼等习性。1933 年铅印本《沧县志》曰："狮戏：俗名'狮豹'。束竹篾为狮形，粘以纸，染麻披之象其毛、头、足、干、尾分数节，中藏二人，前者立，后者偻，跳跃效狮舞。演必二狮，中立一人，剧装执大火齐，以引二狮，二狮争扑火齐，名曰'狮子滚绣球'。"

舞狮一般在庙会和节庆时进行，各地形式也不尽相同，按地域和流派可分为北狮和南狮两大类。民国时期，以广东为主要流传地域的"南狮"已经成为我国舞狮活动中发展速度较快、影响较广的一种民间民俗娱乐活动，佛山就是广东地区舞狮艺术的其中一个重镇。自清代至民国时期，佛山人民多尚习武，当时武馆林立，每间武馆都有"狮会"设立，在练习武功之外，对于舞狮的艺术，都苦学苦钻。

他们舞狮的身形、手势和步法，必配合自己一派的武技动作举狮而舞，同时配合高大的狮鼓、小型铜钹、高边大铜锣为打击乐器。击鼓人必要注视舞狮人的动态、按着狮子各种秩序起落行走的步伐舞艺相配合，一锣一钹亦要应喜声而起止，以免影响狮的生动活泼。佛山镇的舞狮，除了新历

元旦和农历春节外，还有武馆参加当地迎神赛会、秋色会景巡行、武馆会友结婚送字等，闲时则学习舞狮艺术，锻炼身体。

舞狮根据表演方式有露脚狮、基脚狮、高脚狮、矮脚狮之分。如民国十年刻本的四川《合川县志》载曰："新年有玩狮子戏者，二人荷狮头及身尾，足下接以木竿，长四五尺，沿街游戏，有笑和尚戏于前，金鼓随后，谓之'高脚狮子'。"人们运用舞狮来表达思想意愿，并将传统的思想文化注入到舞狮活动中，其延续体现了民族的传统型特征。

面具舞有大头和尚、大头娃娃等，多由傩舞演变而成，在近代已经逐渐转化为民俗和自娱游艺。"大头和尚"亦称大头舞、跳罗汉、罗汉舞，源于民间故事《月明和尚度柳翠》。此舞历史悠久，在表演形式上，各地大同小异，一般都是由两人扮演，一人饰和尚，头戴纸质大头面具，手持蒲扇或拂尘；另一人饰翠柳，手执巾帕，两人相互追逐戏舞。表演时有扭、摆、追、拉等即兴动作，十分夸张诙谐。此外也有多人形式的表演。另外还有"大头娃娃"为节庆时经常出现的民间舞蹈，民国《沧县志》描述曰："粘纸多层，以象人头，空其中，使儿童戴以行，大者如五斗栲栳，次如斗，如瓢；粉面、阔口、大耳、巨目，动人骇异。此戏惟见于邑治，乡村未有也。"

此外，我国少数民族多能歌善舞，如新疆回族的"围浪"，在民国时期仍然流行，有志记载："（新疆回人）俗喜歌舞，即'围浪'是。凡男女老幼皆习之，视为正月。女子未嫁时，多先学成，合卺之日，新郎新娘有围浪之礼。而春秋佳日，亦时于树荫之下，携酒邀侣，欢饮酣舞，引为乐事。舞时，地铺罽毯，男女各一，歌声节奏，步履相应，旁坐数人调鼓板索弦以合之，粗莽硕大者流，手拨铜琶，亦能随声而和。一曲方终，一双又上，极缓歌曼舞之致。对舞不限夫妇，随意可凑，但以男女成对者居多。"蒙古族同

胞则喜欢跳"背柳""犹缠回之'偎浪'也"。

知识链接

北京"天桥"文化

传统式的游乐场最有名的数北京的天桥，有 600 多年的历史。清末的天桥有水乡风致，茶肆酒楼鳞次栉比，各门艺人就地卖艺，前往游息之人甚多。随着城市人口增加，天桥逐渐成为集合北京平民各类消遣活动之大成的一个社区。民国初年，这一带多是露天，上支棚帐，突现出十足的风来乱雨散的市场风味。

民间游戏"嘎拉哈"

"嘎拉哈"可以说是少数民族的儿童游戏，在汉族也有一种类似的游戏，叫"抓子儿"。是清末民间流传的女孩子特有的游戏。

"嘎拉哈"是满语，指的是羊、猪、鹿等胫骨与附骨之间的一块骨骼，学名叫"距骨"。因它略呈长方形，有四个面，玩时可以不断地变换四面的位置，十分有趣，所以逐渐成为一种儿童玩具。"嘎拉哈"起源于女真族。

早在金朝时，"嘎拉哈"已经成为贵族和平民所喜爱的游戏活动。近年来，在黑龙江省绥滨县的金朝墓葬，以及金朝五座都城之一的上京故城

遗址（今黑龙江省阿城县南）中，先后发现用水晶、白玉和铜等雕刻的嘎拉哈，说明当时玩"嘎拉哈"还是很盛行的。

金朝以后，玩"嘎拉哈"的风气在北方各民族中流传，满族、蒙古族、藏族等民族也出现了玩"嘎拉哈"的风俗。清朝建立后，这种游戏传到了全国各地，成为中国传统的民间娱乐活动之一。直到现在，许多地方的儿童还在玩这种游戏。不过，汉族称这种游戏叫"抓羊拐"。

"嘎拉哈"的玩法各式各样，各民族的玩法也各不相同。清朝初年，徐兰在《塞上杂记》一书记载道："嘎拉哈"分四面，凸出的一面称"珍儿"，凹进的一面称"鬼儿"，另外两面称"背儿"和"梢儿"。人们就利用这四个面的不同变换来进行游戏。

玩时，二人把"嘎拉哈"若干抛在炕上，以珍、鬼、背、梢的顺序，用手指弹击，即珍弹珍、鬼弹鬼，同类对同类，打中则赢得一枚，如撞到其他，则算负，罚出以前所赢的，并改由对方玩。最后以所赢多少决胜负，这是清朝初年的玩法。到民国以后，主要流行一种"撂嘎拉哈"的玩法。用一个石子抛到空中，在未落下之前，用手迅速地把"嘎拉哈"，按珍、鬼、背、梢的顺序翻转，然后把石子接住，再抛，再翻，谁翻的次数越多，谁就是优胜者。此外，还有"拉珍儿""搬珍儿""打嘎拉哈"等许多玩法，锡伯、藏、蒙古都有自己独特的玩法。

《帝京景物略》中就记载了这种游戏。每到春节，女孩子们就要玩抓子儿，游戏的关键是要做到不停地"掷、拾、承"。玩抓子儿要准备好小石子、杏核、桃核等当作子儿，玩时把手中的"子儿"先向空中一掷，反手接住其中一枚。再把接住的这枚掷起，趁未落之际，很快抓起下面的子儿，还要把掷起的再接住。抓下面子儿时，有一定的规矩，有时规定第一次抓起一

枚，第二次抓起二枚，递增上去，直到抓完为止。有时抓这个不能碰那个，抓这边不能碰那边。有时规定要隔几个抓几个，或一把都抓起。限制不同，玩法多样，十分有趣。《红楼梦》第六十四回有一段文字，生动描写了麝月、秋纹、碧痕、紫鹃、芳官、晴雯玩抓子儿的情节，十分精彩。如今，在许多乡村还保留着这种有趣的游戏活动。

"嘎拉哈"和"抓子儿"虽然是两种普普通通的儿童游戏，但却反映中国民族文化的悠久和各民族的相互融合，以及富有艺术的创造力。

近代茶馆文化

茶馆是爱茶者的乐园，也是人们休息、消遣和交际的场所，历史十分悠久。在近代中国，茶馆与民众生活紧密相连，并承担着广泛而又复杂的社会功能。

清代时，茶馆每日晨五时左右即挑火开门营业。顾客多是悠闲老人，如清末遗老、破落户子弟，更多的则是城市贫民和劳苦大众。清晨，在老北京城的街巷胡同、茶馆及郊外、河边，常能看见头戴瓜皮帽、身穿大褂、手提罩着蓝布的鸟笼的老少爷们儿。这些人每天一大早就要出门往城外苇塘附近遛鸟，遛完鸟之后走进附近的大茶馆，把鸟笼架在梁上，沏上壶茶细斟慢饮起来。鸟的主要品种有红靛颏、蓝靛颏，胸前的羽毛分别是红色和

蓝色的。此外，还有百灵、画眉、鹦鹉、白玉鸟及俗称"黄鸟"的黄莺。这些鸟儿体型各异、色泽悦目，经过常年的训练后，大都能够模仿出别的许多种鸟儿的叫声。鸟笼，按形状、大小不同分为靛颏笼、画眉笼、红子笼、百灵笼等种类。靛颏笼是用白茬细竹制作，也有上漆的，笼子是圆柱形，直径约为9寸，上边安有笼抓。

红子笼以饲养红子而得名，是长方形的笼子，也有上半部做成半圆形的，名叫"丘子笼"，整个笼子像是一个圆车篷，这种笼子也可以用来饲养黄鸟等小型鸟类，上边都有笼抓。画眉笼的高度是靛颏笼的二倍，直径有一尺二寸，笼条比较粗，这种笼子适合饲养画眉这样体形较大的鸟类。百灵笼的体形也比较高大。待遛鸟茶客坐定泡好茶，才缓缓脱去鸟笼上的布套，顷刻间，小鸟即发出仿效喜鹊、山鹊、老鹰、布谷、苇扎了、大雁、家猫等叫声，多时可达十三套叫法，各逗歌喉。

老北京人则相互之间比较所养之鸟的优劣，或者逗逗鸟儿、交换一下养鸟经验，或者谈谈茶经、叙叙家常、评论时事。冬天，顾客多在屋内喝茶聊天。清茶馆主人为了招徕主顾，扩大营业，在春夏秋三季还举行听鸟鸣的"串套"活动。给养有好鸟的知名老人发出请帖，请他于某月某日携鸟光临。届时，养鸟的老少人士都慕"鸣"而来，门庭若市。还有的举办赛鸟儿、斗蛐蛐、摆围棋、象棋"擂台"。这样，茶馆不但生意兴隆，利市百倍，而且因此名噪九城。

清茶馆中著名者要首推陶然亭北面的"窑台"。民国初年，窑台茶馆盛极一时，当时的戏曲演员多居南城，他们每天清晨都照例到先农坛一带喊嗓子、练功夫，窑台为其必由之路。因此，我国早期的著名京剧演员如金少山、余叔岩等人，富连成科班的师徒及四城票友都是这里的常客，一度使窑台茶馆盛极一时。老舍先生的名剧《茶馆》，即取材于"清茶馆"，其间的各色人等，反映了老北京的众生相。

南方的四川清茶铺不仅卖茶，也稍带卖些香烟、花生、瓜子，供应热水、开水。有些养鸟的茶客挂好鸟笼，一边喝茶，一边听鸟，兴趣高时，则将鸟笼挂成一排，比赛鸟的鸣声。喜欢抽烟的茶客（大多指旱烟）则身靠竹椅，烟袋在手，看云雾飞升，心情释然，有时亦交换一下烟卷，品评咂味一番。

然而最有特色的还是杭州的"鸟儿茶会"，即茶客拎着鸟笼到特定的茶馆聚会。当时较著名的有三家：一是涌金门外的三雅园，茶客经常携笼前来逗鸟赛鸣、斗画眉，赌博下彩，常常寻衅闹事，打架动武，吵闹不堪，因此一般茶客不敢涉足；二是官巷口与青年路之间的胡儿巷，这个茶馆虽规模不大，却文明多了，茶客虽也比鸟赛鸣，但不赌博，纯粹是以鸟会友，怡养性情，所以满室鸟声，却并不烦人；三是鸟雀专业交易市场，开在段明湖池边，叫"禾园茶楼"，每天交易量都不小。

扩展阅读　民间的庙会活动

从文献资料来看，民国时期的庙会分布极其广泛，遍布大江南北，其中以北平、江浙等地最为盛行。北平是一座历史悠久的文化古城，各种流

派的宗教寺庙众多。据 20 世纪 40 年代末的统计资料，当时各类寺庙尚存 743 座。风姿各异的庙会，成为北京民间风俗的重要表征。

北平地区自清康熙年间起便形成了鼎盛京华的五大庙会，即隆福寺、护国寺、白塔寺、花市（火神庙）、土地庙，其声势一直延续至民国时期。这些庙会随着商业功能的日益增强，宗教色彩渐趋淡化。其中道教庙宇火神庙与土地庙，20 世纪 30 年代以后香火渐次断绝，转化为纯商业性集市。隆福、护国、白塔三座佛教寺院香火亦日趋衰弱，贸易则日渐兴隆。市场上既交易珍奇古玩，又销售野药山货，种类繁多，誉满京都，来此地观光购物的人，不仅上至达官显贵，下至市民农夫，还有不少外国游客。每逢庙期，游客云集，人流如海。

山东泰山东岳庙会，自古以来便称盛于世，至民国犹然，在每年的农历三月二十八日和四月十八日，要举行传统的庙会。傅振伦先生在民国时期所撰的《重游泰山记》中，记述了三月庙会的情形："善男信女，远道而来朝山进香者，相望于途。妇女皆缠足，头梳长髻，衣裳博大，不着裙衫，腿带宽可四寸，多深红艳绿色，盖犹有数年前内地古装遗风，捧香合手，喃喃不绝于口。至于男子朝山，则随僧道鼓吹而已。有手持直角三角形之黄旗者，其上大书'朝山进香'四大字，右侧书'莱邑义峪庄'诸小字，殆是来自山东东部莱州者。山中居民，有出售香马纸锞者，生意最盛。沿途乞丐甚多，逢人索物，并云'千舍千有，万舍得福'、'步步升高'、'积德吧，掏钱吧，个人行好是自个的'，不予则不得前行。"

江浙地区的庙市贸易活动自宋以来一直称盛于世。民国时期，也是如此。如陈伯熙《上海轶事大观》一书载曰："俗传四月初八为浴佛日，是日各处丛林古寺皆大启山门，任人游玩，而沪西静安寺尤为繁盛。先日各处

之小贩搬运货物，设摊于寺之附近，一切普通杂货无不具，而以竹木器为多，设市三日，捕房不禁，且加保护焉。以故沪上居家需购杂用器物者，靡不于此取择，岁以为常，而小贩等亦利市三倍也。盖是会善男信女香车宝马，络绎而往，布施香仪，不免迷信，而丈六金身年年醍醐灌顶，小本经纪实受我佛之赐矣。"而杭州的香市，更是在众多的庙市中别具一格。

据文献所载，民国时期，每当清明前后，桃红柳绿、春风拂面之时，大批苏州、嘉兴、湖州等地的香客成群结队，沿运河乘船前往杭州灵隐寺、余杭径山寺等处朝山进香。香客都是中老年农村妇女，平时绝少出门。这是以烧香为名，借佛游春，顺便购回农业生产所需要的生产工具和生活用品等。如胡朴安《中华全国风俗志》载杭州西湖香市曰："西湖昭庆寺山门前，两廊设市，卖木鱼、花篮、耍货、梳具等物，皆寺僧作以售利者也。每逢香市，妇女填集如云。"又，范祖述《杭俗遗风》曰："城中三百六十行生意，一年中敌不过春市一市之多。大街小巷，挨肩擦背，皆香客也。余坟亲李玉堂，居住留下，其房分有业竹篮者，每逢春香，一家要做千余串生意。即此而推，各色生意，诚有不可意计者矣。"

其他地区也是这样，如1935年《张北县志》载："庙会为人民娱乐之一，不但借此交易，购置一切物品，且各亲友晤面，畅叙衷曲，并可既赏戏剧、杂技，开阔心胸，消鲜（散）抑郁。凡男女平素积储之款项，预备会时购置一切应用之物品；小孩尤喜来会购买一切玩具；即工、商人，亦均放假一二日，消遣取乐，是娱乐最好之机会也。"

举行庙会时，庙里烧香拜佛、香烟缭绕，庙外人马喧嚣、川流不息。每次庙会设立的位置基本上是固定的，来庙会做买卖的人，大多租赁庙里的房屋或地段设摊，或在庙宇外的空地上摆摊设点。庙会市集的商品，多是

香烛、经籍、神道信仰的法器、用品及棉布绸缎、日用百货、鞋帽杂品、南北土产、民间工艺品、当地土产、各种小吃等等。有些庙会，还同时伴有戏班献艺、舞龙、踩高跷和宗教条神活动。所以，庙会的形式，与其说是人们宗教信仰的活动场所，不如说是平民百姓集中娱乐的场所和繁荣热闹的商品交易。

需要说明的是，民国时期的庙市与明清时期相比，已呈现出日益衰落的趋势。民国《新河县志》载曰："庙会：各村庙宇多有年会。届期，商贩咸集，游人如织，丰收之年，辄演剧助盛。庙会者，实农村一大交易场及娱乐场也。医卜星相之流，及说书、幻术、技击、西洋镜、大兴棚等杂技，亦搭棚献艺。善男信女，执乐送经进驾（纸糊之宅第），或祝福，或求子，或求寿，或还愿。又有大开赌场者。近年以来，庙会远不如昔日之盛，盖民智日开，迷信风衰，且交通日便，都市勃兴，娱乐、交易多不专恃乎庙会也。"这种趋势是由政治、经济、文化等诸多历史因素，互相激荡、渗透、化合而成。政局跌宕，战乱频繁，自然会影响庙会的昌盛。